Sabine Lohf

# Das große WEIHNACHTS BASTELBUCH

GERSTENBERG

Die Basteleien in diesem Buch sind sorgfältig erwogen und mehrfach geprüft worden. Eine Garantie oder Haftung der Autorin oder des Verlages ist ausgeschlossen.

Der Film zum Buch auch auf YouTube!

2. Auflage 2016
Copyright © 2015 Gerstenberg Verlag, Hildesheim
Alle Rechte vorbehalten
Idee, Konzept, Text, Fotos & Gestaltung:
Sabine Lohf, Bad Nenndorf
Druck: TBB, a.s., Banská Bystrica
Printed in the Slovak Republic
www.gerstenberg-verlag.de
ISBN 978-3-8369-5846-2

Weihnachtszeit ist Bastelzeit! Deshalb findest du in diesem Buch über 100 Ideen zum Basteln, aber auch zum Spielen, Verschenken, Geschichten-Erzählen, Tannenbaum-Schmücken und vielem mehr. Mit ihnen kannst du dir die manchmal ganz schön lange Wartezeit bis zum Heiligen Abend wunderbar verkürzen.

Vielleicht möchtest du dir als Erstes einen eigenen Adventskalender basteln? Daran kannst du dann auch gleich sehen, wie schnell die Zeit bis Weihnachten tatsächlich vergeht. Schon bald ist Nikolaustag und du bekommst Gelegenheit, deinen selbst gebastelten Nikolausstiefel vor die Tür zu stellen. Knusperhäuschen, Nussgirlanden, Winterkuscheltiere, Schneemänner (ganz ohne Schnee!) und sogar eine ganze Krippe mit allen Figuren findest du in diesem Buch. Du erfährst auch, wie du Geschenke einfach und witzig verpacken und deine ganz persönliche Weihnachtspost gestalten kannst.

Alle Basteleien sind als Anregungen gedacht. Du kannst sie in gleicher Weise und mit den gleichen Materialien basteln, wie in den Anleitungen gezeigt, oder du veränderst sie, wie es dir gefällt. Basteln heißt, kreativ zu sein und auszuprobieren. So werden alle Basteleien zu deinen ganz eigenen Werken.

Wenn dir etwas schwierig erscheint, dann lass dir ruhig helfen – zum Beispiel von einem Erwachsenen oder älteren Geschwistern.

Vielleicht magst du auch ein paar Freunde zu einem weihnachtlichen Bastelnachmittag mit Kakao und Keksen einladen? Gemeinsam macht es besonders viel Spaß, sich etwas auszudenken und loszubasteln. Richtet euch in der warmen Stube eine gemütliche Bastelecke ein. Dann macht es gar nichts, dass es draußen kälter und schneller dunkel wird.

## Viel Spaß beim Basteln und Spielen in der Weihnachtszeit!

# Inhalt

- 6  Bastelmaterialien
- 8  Tipps und Tricks

## Schöne Wartezeit

- 12  Adventskalender nur für dich
- 14  Süße Wartezeit
- 16  Himmelsleiter
- 18  Tierisch gute Verstecke
- 20  Strahlende Sonne
- 22  Geheimnisvolle Schachteln
- 24  Wi-Wa-Weihnachtsmäuse
- 26  Grüne Kränze

## Bald kommt der Nikolaus!

- 30  Nikolaus mit Pferd und Sack
- 32  Tüten (be)kleben
- 34  Stiefelparade
- 36  Wie sieht es aus, das Haus vom Nikolaus?
- 38  Sockenwichtel
- 40  Der eilige Nikolaus

## Weihnachtsduft liegt in der Luft

- 44  Oh, Orangenduft!
- 46  Was duftet hier so schön?
- 48  Viele, viele Nüsse!
- 50  Im Zapfenwald
- 52  Leckere Bastelwerke
- 54  Knusperhäuschen
- 56  Mmh … Plätzchenduft!
- 58  Tannenduft

## Im Winterwald

- 62  Waldbewohner
- 64  Winterkuscheltiere
- 66  Holzrentiere
- 68  Schneeflöckchen, Weißröckchen …
- 70  Schneemänner ohne Schnee
- 72  Im Eiswald
- 74  Die Schneekönigin kommt!
- 76  Häuser am Waldesrand

# Hurra, die Weihnachtspost ist da!

- 80  Ab die Post!
- 82  Luftpost
- 84  Witzige Weihnachtsbriefe
- 86  Weihnachtswunderwürfel
- 88  Was kommt in die Tüte?
- 90  Filzwichtel
- 92  In der Druckwerkstatt
- 94  Ach, du dicker Elch!

# Vom Himmel hoch ...

- 98  Eilige Engel
- 100  Bunte Engel
- 102  Was fliegt denn da?
- 104  Leuchtende Holzengel
- 106  Rauschgoldengel
- 108  Sterntaler
- 110  Sterne falten
- 112  Fächerstern
- 114  Schweifsterne

# O Tannenbaum!

- 118  Welcher Baum darf es sein?
- 120  Alle meine Bäume
- 122  Tolle Rollen
- 124  Zimtstern und Holzbaum
- 126  Ach, du dicke Kugel!
- 128  Igelstern
- 130  Pompons
- 132  Alles Gold

# Auf zur Krippe!

- 136  Zwei Mal drei Könige
- 138  Die Stadt Bethlehem
- 140  Weiße Wüstenstadt
- 142  Hirten und Schafe
- 144  Maria und Josef
- 146  Tiere im Stall
- 148  Krippe und Engel
- 150  Ihr Kinderlein, kommet ...
- 152  Kleine Krippen
- 154  Finger-Filzfiguren
- 156  Gleich ist Bescherung ...
- 158  Hurra, der Weihnachtsmann ist da!

- 160  Vita

# Bastelmaterialien

Wäscheklammern
Eierkartons
Filtertüten
Nüsse und Zapfen
Tannenzweige
Blumendraht
Geschenkbänder
Goldfolie
Lametta
Zimtstangen
Federn und Watte
Orangen
Stoff- und Wollreste
Briefumschläge
Farben und Pinsel
Zahnstocher
Streichholzschachteln
Knöpfe und Knete
Buntes Krepppapier
Holzreste
...

Vielleicht hast du ja schon eine kleine Kiste, in der du Material zum Basteln sammelst. Wenn nicht, solltest du sie dir anlegen! Das Aufspüren und Sammeln von nützlichen und schönen Dingen ist der erste Bastelschritt und macht bereits richtig Spaß!

Frage auch deine Verwandten, Nachbarn und Freunde nach Bastelmaterialien, zum Beispiel, wenn dir etwas Bestimmtes fehlt. Und wenn du magst, lädst du sie gleich zum Basteln ein!

Auf der Liste stehen einige Dinge, die du für weihnachtliche Basteleien gut gebrauchen kannst. Auch Korken, leere Schachteln, Zweige und anderes Holz sind geeignet. Deiner Fantasie sind keine Grenzen gesetzt. Wenn du die Augen offen hältst, entdeckst du bald überall Material für deine Weihnachtswerkstatt!

Zu deiner Bastelausstattung sollten außerdem eine feste Unterlage zum Schneiden und Malen, altes Zeitungspapier, Cutter, Schere, Bleistift, Klebstoff und Klebeband gehören. Falls nicht anders angegeben, wird für die Basteleien in diesem Buch normaler Alleskleber verwendet.

Schau gleich einmal nach, was du als Erstes basteln möchtest. Hast du dafür schon alle Materialien in deiner Sammelkiste?

### Briefumschläge

Weiße und farbige Briefumschläge, aber auch Umschläge für Luftpostbriefe kannst du mit einer Schere verändern und bekleben. So wird aus einem einfachen Brief eine lustige Weihnachtspost.

### Goldspray

Lege die Teile, die besprüht werden sollen, auf eine große Unterlage. Verwende das Spray nur in gut gelüfteten Räumen! Du kannst auch Goldfarbe zum Aufpinseln verwenden, die ist zudem umweltfreundlicher.

### Holzreste

In Baumärkten gibt es manchmal Kisten mit Holzresten. Die kannst du für wenig Geld kaufen. Verwende sie für Holzengel, Rentiere, Tannenbäume oder kleine Häuser. Holz lässt sich gut anmalen, zusammenkleben und auch mit Nägeln schmücken.

### Lametta

Welche der vielen glitzernden Lamettafarben passt am besten zu deiner Bastelei? Dieses Material eignet sich zum Beispiel für die Haare von Engeln oder Schneeköniginnen. Du kannst es mit normalem Alleskleber befestigen.

### Nüsse

Es gibt viele verschiedene Arten von Nüssen. Sie alle lassen sich bemalen, besprühen und bekleben. Du kannst die Nüsse zusammenkleben oder auch mit etwas Knete verbinden. Letzteres ist hilfreich, wenn der Klebstoff nicht gut an den Oberflächen hält.

### Orangen

Verwende am besten ungespritzte Orangen und wasch dir – wie nach jedem Basteln! – die Hände. Wenn du die Schalen angefasst hast und mit den Fingern an die Augen kommst, kann es sonst brennen.

### Pappe

Für die Basteleien in diesem Buch eignet sich am besten eine Pappe, bei der sich zwischen den glatten Außenflächen Wellpappe befindet. Damit kannst du Häuserdächer oder Spielfiguren basteln. Pappe lässt sich gut kleben oder auch mit Stecknadeln zusammenstecken.

### Tannenzweige

Die duftenden Zweige gibt es in der Vorweihnachtszeit überall zu kaufen. Mit einer Gartenschere kannst du sie auf die Länge schneiden, die du benötigst. Ziehe Handschuhe an, um dich vor pieksenden Nadeln zu schützen.

### Zimtstangen und getrocknete Zitrusfrüchte

Diese weihnachtlichen „Duftspender" findest du in Bastelgeschäften. Du kannst sie zu Ketten auffädeln und den Tannenbaum oder dein Zimmer damit schmücken. Und auch darüber hinaus sind sie ein vielseitiges und wohlriechendes Bastelmaterial.

# Tipps und Tricks

Bevor du mit dem Basteln anfängst, lies dir die Anleitung einmal ganz durch und lege dir alle Werkzeuge und Materialien, die du brauchst, zurecht. So musst du nicht mittendrin aufhören, um etwas zu suchen.

Decke den Tisch, an dem du bastelst, oder auch einfach den Boden mit ein paar Lagen altem Zeitungspapier ab.

Wenn du etwas mit dem Cutter schneiden musst, brauchst du eine stabile Schneidunterlage, zum Beispiel eine dicke Pappe oder ein großes Holzbrett.

Die Ziehharmonika-Falttechnik kommt in diesem Buch öfter vor, zum Beispiel auf Seite 112. Auf diese Weise stellst du Flügel für Engel oder auch Fächersterne her. Zum Üben eignet sich ein Blatt Schreibpapier. Und so geht's:

1 Einen 1 Zentimeter breiten Streifen falten. Dann das Blatt wenden.

2 Wieder einen 1 Zentimeter breiten Streifen falten und das Blatt wenden.

3 Das Papier weiter in 1 Zentimeter breiten Streifen hin und her falten, bis aus dem ganzen Blatt eine Ziehharmonika geworden ist.

Willst du Nüsse, Steine oder auch Schachteln bemalen, trage zuerst eine Schicht Deckweiß auf. Wenn es getrocknet ist, bemalst du die Bastelei nach deinen Wünschen. So hält die Farbe besonders gut.

Wenn du Sprühfarben benutzt, zum Beispiel, um Nüsse zu verschönern, drehe die Dose nach dem Gebrauch auf den Kopf und sprühe den Sprühkopf vor einem Blatt Papier leer. So verstopft er nicht.

Um Streichhölzer in einen Korken zu stecken, bohre die Löcher mit einem Nagelbohrer vor.

Pappkollen lassen sich mit einem Brotmesser oft besser schneiden als mit einem Cutter.

Stecke eine Wäscheklammer an die Rolle, um sie zu bemalen. So bleiben deine Finger sauber.

Sammle Geschenkbänder von ausgepackten Geschenken in deiner Bastelkiste.

Filz lässt sich gut kleben.

Willst du deine Bastelei aufhängen, ziehe mit einer Stopfnadel einen Faden durch den oberen Rand und verknote ihn.

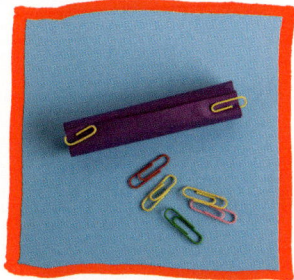

Klebestellen kannst du mit Büroklammern fixieren, bis der Klebstoff getrocknet ist.

Größere Basteleien lassen sich während des Trocknens mit Wäscheklammern in Form halten.

Getrocknete Orangen-, Limetten- und Zitronenscheiben gibt es im Bastelgeschäft abgepackt zu kaufen.

Zeichne Kreise mithilfe runder Gegenstände wie Tellern und Gläsern. Male einfach die Umrisse ab.

Um Lametta als Haare an eine Figur zu kleben, mache zunächst einen Knoten in die Mitte.

Zweige halten gut zusammen, wenn du sie mit Draht umwickelst.

# Schöne Wartezeit

Die Vorweihnachtszeit ist aufregend! Vom 1. Dezember an sind es nur noch 24 Tage bis Weihnachten – die können einem aber manchmal ganz schön lang vorkommen. Ein Adventskalender verkürzt die Wartezeit. Hinter jedem seiner 24 Türchen steckt eine kleine Überraschung. Vielleicht magst du dir deinen Kalender selbst basteln, zum Beispiel aus vielen kleinen Schachteln? Oder du baust eine Himmelsleiter aus 24 Stufen.

# Adventskalender nur für dich

Aus bemalten oder beklebten Tüten und Schachteln kannst du deinen eigenen Adventskalender basteln. Entweder fertigst du 24 gleiche Figuren an oder du gestaltest 24 ganz verschiedene – je nachdem, was dir besser gefällt. Hier sind einige Beispiele.

## Überraschungs-Engel

Dieser Engel besteht aus einem Teefilter. Er wird mit einer kleinen Überraschung gefüllt und dann mit einem goldfarbenen Faden zugebunden. Male ein Gesicht auf eine Wattekugel und klebe sie als Kopf auf den Teefilter. Klebe Engelshaar auf den Kopf sowie Federn als Flügel und eine Zahl aus Goldpapier auf den Bauch.

Um Streichholzschachteln aufhängen zu können, nimmst du die innere Schachtel heraus und ziehst einen Faden durch die äußere Schachtel. Verknote den Faden an beiden Enden, damit er nicht herausrutscht. Dann schiebe die innere Schachtel wieder hinein.

Für die Wichtelschachtel ziehst du mit einer Nadel einen Faden durch die kurze Seite der inneren Schachtel. Knote an das Ende eine Perle.

# Verkleidete Schachteln

Zuerst überlegst du dir, wie deine Schachteln aussehen sollen: Möchtest du eine Schafherde basteln, 24 Wichtel oder soll jede Schachtel anders aussehen?

Du kannst die Schachteln mit Papier bekleben und mit Köpfen und Beinen aus Papier Figuren daraus machen. Oder du wickelst sie einfach mit Geschenkpapier ein und schreibst oder klebst Zahlen darauf.

## Tipp

Vielleicht füllt ja eine gute Fee in der Nacht deinen Adventskalender mit kleinen Überraschungen!

# Süße Wartezeit

In diesem Weihnachtsbaum stecken 24 süße Überraschungen. Das können zum Beispiel Kaugummis, Schokoladenkugeln oder Marzipankartoffeln sein – Hauptsache, rund! Wickle alles in buntes Seidenpapier ein und bestücke die Eierpalette damit.

1   Lege die Eierpalette so vor dich hin und zähle von der oberen Spitze angefangen 24 Felder ab. Markiere die Fläche mit einem Filzstift.

# Eierpappen-Tannenbaum

Den zurechtgeschnittenen Baum (siehe Kästen) bemalst du mit grüner Farbe. Der Stamm besteht aus einer leeren Klopapierrolle. Bemale sie mit Silber- oder Goldfarbe. Gut trocknen lassen.

Aus Goldpapier schneidest du einen Stern für die Spitze aus und klebst ihn fest.

2   Schneide das Dreieck mit den 24 Feldern aus. Dafür kannst du einen Cutter oder eine Schere verwenden.

# 24 Kugeln für den Baum

Aus verschiedenfarbigem Seidenpapier schneidest du Quadrate zurecht. Darin wickelst du kleine, runde Süßigkeiten ein und drehst die überstehenden Kanten oben zusammen. Schreibe mit einem Goldstift die Zahlen von 1 bis 24 auf die Kugeln und lege eine in jedes Fach des Eierpappen-Tannenbaums.

Du kannst den Baum aufhängen, indem du mit einer Stopfnadel einen Faden durch die obere Spitze der Eierpappe ziehst. Fixiere die eingewickelten Kugeln mit etwas Klebstoff im Baum, so fallen sie nicht heraus.

So sieht der Baum aus, wenn er mit Perlen geschmückt ist.

## Tipp

Wenn der Baum leergefuttert ist, kannst du ihn mit Perlen oder Lametta schmücken. Verwende dazu Klebstoff oder Stecknadeln. So hast du am 24. Dezember deinen eigenen hübschen Weihnachtsbaum!

# Himmelsleiter

24 Stufen muss der Weihnachtsmann auf der Leiter nach unten steigen, dann kommt er pünktlich am 24. Dezember auf der Erde an. Und du kannst sehen, wie er jeden Tag ein Stückchen näher kommt! So bastelst du die Himmelsleiter:

1   Schneide die Leitersprossen aus einem Stück Pappe zurecht.

2   Fädele einen Bindfaden auf eine Stopfnadel, mach einen Knoten in das Fadenende und fädele zuerst alle 24 Sprossen an einer Seite auf. Lass etwas Abstand zwischen den einzelnen Sprossen.

3   Fädele die anderen Seiten der Sprossen mit einem weiteren Faden auf. Knote beide Fadenenden zusammen und hänge die Leiter auf.

# Der kleine Weihnachtsmann

Male den Weihnachtsmann und seine Stiefel auf ein festes Stück Papier. Dann male das untere Ende einer Holzwäscheklammer schwarz an. Schneide die Figur aus und klebe sie so auf die Klammer, dass der schwarze Teil unten herausschaut. Auf jede Seite der Klammer klebst du nun einen Stiefel. Das Gesicht bekommt noch einen Bart aus Watte.

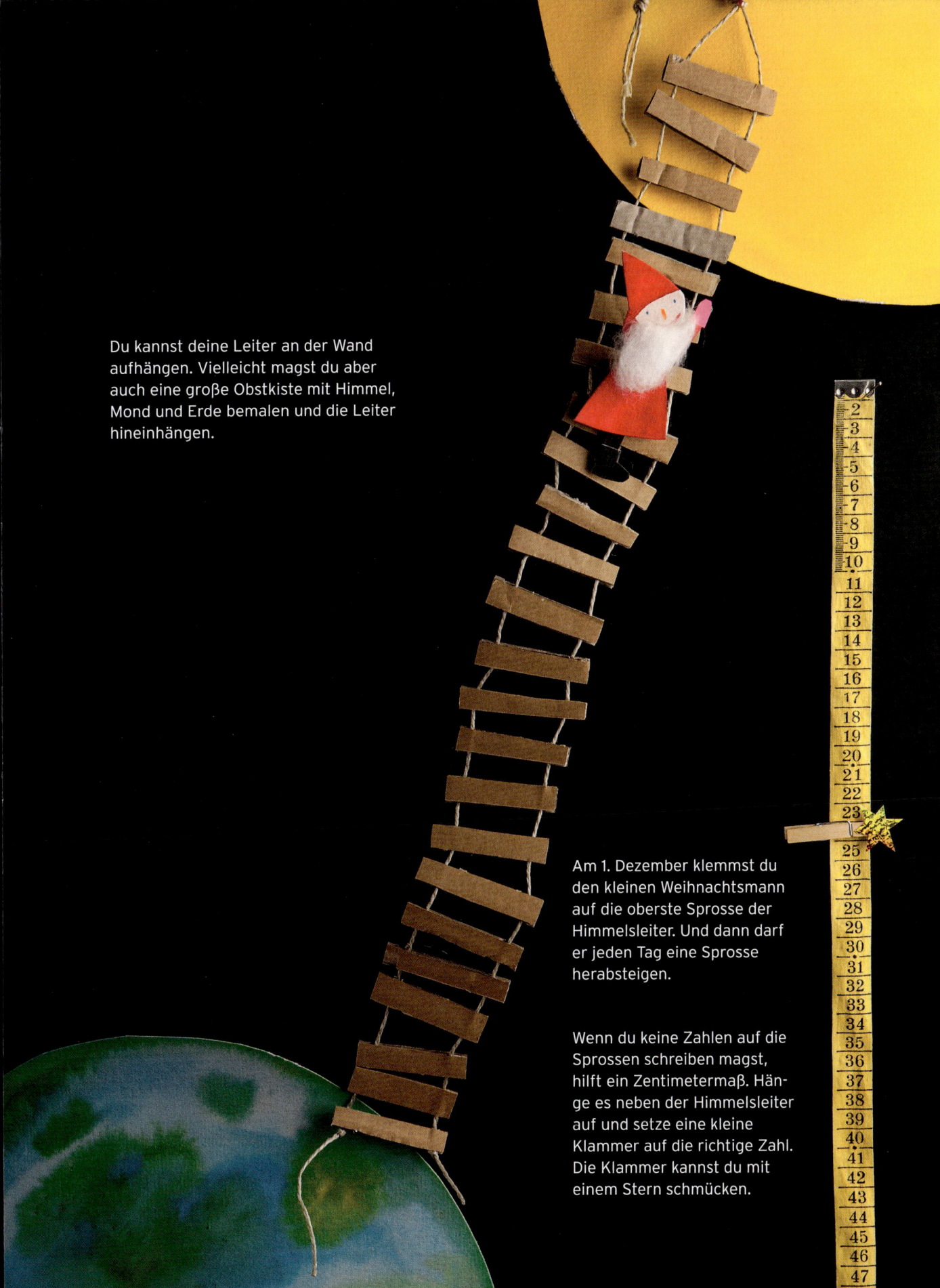

Du kannst deine Leiter an der Wand aufhängen. Vielleicht magst du aber auch eine große Obstkiste mit Himmel, Mond und Erde bemalen und die Leiter hineinhängen.

Am 1. Dezember klemmst du den kleinen Weihnachtsmann auf die oberste Sprosse der Himmelsleiter. Und dann darf er jeden Tag eine Sprosse herabsteigen.

Wenn du keine Zahlen auf die Sprossen schreiben magst, hilft ein Zentimetermaß. Hänge es neben der Himmelsleiter auf und setze eine kleine Klammer auf die richtige Zahl. Die Klammer kannst du mit einem Stern schmücken.

# Tierisch gute Verstecke

Was verstecken die Mäuschen wohl in ihrem Bauch? Und welche Schätze verbirgt die Gans in ihrem Federkleid? Das wird nicht verraten! Aber wie du diese tierisch guten Verstecke nachbastelst, das ist kein Geheimnis:

1  Eine Klopapierrolle in der Mitte durchschneiden.

2  Einen Kreis auf dünnen, grauen Karton zeichnen, ausschneiden und aus diesem Kreis einen Dreiviertelkreis ausschneiden.

3  Die Kanten des Dreiviertelkreises mit Klebstoff bestreichen, übereinanderschieben und mit einer kleinen Wäscheklammer fixieren, bis der Klebstoff getrocknet ist.

4  Zwei Ohren aus Karton ausschneiden und in den Mäusekopf kleben.

## Kleine Mäuschen

Klebe einen Mäusekopf auf eine Klorollenhälfte. Die Nase und die Augen bestehen aus kleinen Perlen, die du ankleben oder mit Stecknadeln fixieren kannst.

Hinten in die Klorolle klebst du einen Wollschwanz. Jetzt kann die Maus mit einer Leckerei gefüllt werden. Damit diese nicht herausfällt, knülle etwas Seidenpapier zu einer Kugel und drücke sie fest in die Rolle.

1. Schneide mit einem Cutter in die obere Längsseite eines rechteckigen Kartons ein Loch (siehe Pfeil). Dann reiße weißes Papier in Streifen und beklebe den Karton ringsherum damit.

2. Schneide aus weißem Karton einen Gänsekopf aus und klebe einen gelben Schnabel darauf. Knicke das untere Ende des Halses etwa 2 Zentimeter nach innen, bestreiche diese Lasche mit Klebstoff und klebe sie an den Karton.

## Gefüllte Gans

Wenn die angeklebten Papierfedern getrocknet sind, kann die Gans mit 24 kleinen Päckchen gefüllt werden. Es können auch weniger sein, falls die Gans kein Adventskalender, sondern ein Weihnachtsgeschenk werden soll.

# Strahlende Sonne

Diese Sonne trägt die Zahlen von 1 bis 24 auf ihren Strahlen und mitten im Gesicht eine Nase als Uhrzeiger. Du kannst vom 1. Dezember an jeden Tag einen Strahl öffnen und den Zeiger eine Zahl weiterstellen. Vielleicht magst du auch deine Wünsche auf die Strahlen schreiben!

1. Aus einem Stück Karton schneidest du einen Kreis für die Sonne aus. Bemale ihn mit gelber oder goldener Farbe. Wenn die Farbe getrocknet ist, male oder klebe Mund und Augen auf das Sonnengesicht.

2. Schneide 24 etwa 40 Zentimeter lange Streifen aus gelbem Tonpapier aus. Wenn du einen Stempelkasten hast, kannst du die Zahlen von 1 bis 24 auf die Strahlen stempeln. Oder du schreibst sie einfach darauf.

3. Lege die Sonne mit dem Gesicht nach unten auf einen glatten Untergrund. Verteile die Strahlen gleichmäßig auf der Sonne und klebe sie fest. Drehe die Sonne wieder um.

4. Schneide einen Zeiger und einen kleinen Kreis aus rotem Tonpapier aus. Klebe den Kreis auf den Zeiger. Lege den Zeiger mitten auf das Sonnengesicht, dann bohre mit der Scherenspitze ein Loch durch den Zeiger und die Sonne. Stecke eine Briefklammer durch beide Löcher.

5. Rolle die Strahlen ein und fixiere sie mit Büroklammern.

## Tipp

Einen Kreis kannst du gut zeichnen, indem du einen Teller auf den Karton legst und den Umriss mit einem Bleistift nachzeichnest.

6 Möchtest du die Sonne aufhängen, dann ziehe mit einer Stopfnadel einen Faden durch ihre Stirn.

# Geheimnisvolle Schachteln

Schachteln in verschiedenen Größen lassen sich zu den tollsten Dingen zusammenkleben. Du kannst sie bemalen, bekleben und befüllen. Für die Burg und das Feuerwehrauto brauchst du größere Schachteln und Streichholzschachteln. Und wie sieht dein Versteck aus?

## Burg der 24 Geheimnisse

Hauptbestandteil dieser Burg ist eine ca. 15 x 20 Zentimeter große Schachtel, die sich an der Seite öffnen lässt. Auf diese Schachtel klebst du zwei Türme aus je zehn Streichholzschachteln, dazwischen werden drei weitere Streichholzschachteln geklebt. Insgesamt besteht die Burg also aus 24 Schachteln. Du kannst deine Burg natürlich auch ganz anders gestalten und die Schachteln anders anordnen.

Dann malst du die Burg an. Während die Farbe trocknet, schneidest du aus einem leeren Eierkarton zwei Hüte aus. Das werden die Turmspitzen. Du kannst sie bemalen oder mit Alufolie einwickeln.

In der unteren Schachtel wartet das größte Geheimnis! Deshalb bekommt sie ein goldenes Tor, auf das die Zahl 24 geklebt wird.

# Tatütata, die Feuerwehr ist da!

Aus zwei großen Schachteln und 22 Streichholzschachteln kannst du dieses Feuerwehrauto basteln.

1. Alle Teile werden rot bemalt oder mit rotem Tonpapier beklebt. Dazu legst du die Schachteln auf das Tonpapier und malst die Umrisse aller Flächen ab. Schneide die Umrisse aus und klebe sie auf die Flächen. Benutze dafür am besten Sprühkleber.

Aus diesen Teilen besteht das Feuerwehrauto. Du brauchst insgesamt sechs Räder, für jede Seite drei.

2. Schneide die Fenster aus hellblauem Papier aus. In das größere Fenster malst oder klebst du einen Weihnachtsmann.
3. Die Tür, die hier schwarz umrandet ist, wird oben, unten und an der rechten Seite mit dem Cutter eingeschnitten, damit sie sich öffnen lässt.
4. Das Blaulicht und das gelbe Licht schneidest du aus Buntpapier aus und klebst beides auf dem Autodach fest.
5. Klebe die Räder von beiden Seiten am Feuerwehrauto fest, so kann es auch stehen. Die Radkappen sind aus Silberpapier.

# Wi-Wa-Weihnachtsmäuse

Die goldenen Walnussmäuse tanzen um die Katze herum. Du kannst die Mäuse auf einen Kreis oder Kranz (siehe Seite 26) kleben oder sie einzeln dekorieren. Vielleicht magst du auch 24 Weihnachtsmäuse im Haus verstecken?

1 Male zwei Pappteller grün an. Schneide von einem Pappteller den äußeren geriffelten Rand ab.

2 Setze den kleineren Teller so auf den größeren und pikse durch die Mitte beider Teller ein Loch. Stecke eine Briefklammer durch beide Löcher und biege die Klammer um.

3 Zeichne mit einem Zirkel einen Ring von der Größe des oberen Tellers auf roten Tonkarton und schneide ihn aus.

4 Für die Mäuse besprühst du Walnussschalenhälften mit Goldspray. Dann klebst du ihnen Ohren aus Papier und Schwänze aus Wolle an.

5 Klebe die Mäuse auf den roten Kreis.

6 Für die Katze eine leere Klopapierrolle mit schwarzen und roten Tonpapierstreifen bekleben. Die Mütze besteht aus Krepppapierstreifen, die Arme sind aus Tonkarton.

7. Befestige einen goldfarbenen Faden an einem Zahnstocher und stecke diesen durch eine der Katzenpfoten.

8. Klebe die Katze mitten in die Mäuseschar. Nun kannst du den oberen Teller drehen und die Mäuse tanzen frech um die Katze herum.

Wenn du an den Rand des unteren Tellers Kerzenhalter klemmst, bekommst du einen Adventskranz. Die Kerzen nur anzünden, wenn ein Erwachsener dabei ist!

## Das Weihnachtsmäuse-Spiel

Um aus deinen Weihnachtsmäusen ein Spiel zu machen, schreibst du mit 1 beginnend eine Zahl auf den Rücken jeder Maus. Ein Mitspieler dreht mit geschlossenen Augen den Kreis mit den Mäusen, zählt dabei bis 10, stoppt und öffnet die Augen. Auf welche Maus zeigt die Schnur der Katze? Hat sie zum Beispiel die Zahl 5, bekommt der Spieler fünf Nüsse (oder fünf andere kleine Gewinne). Dann ist der Nächste dran. Wer hat nach vier Runden die meisten Nüsse?

# Grüne Kränze

Kränze gehören zur Weihnachtszeit. Sie hängen an der Haustür oder liegen mit Kerzen bestückt auf dem Tisch. Einen Kranz zu basteln ist gar nicht schwer!

## Kranz aus Zweigen

Dieser Kranz wird aus Tannengrün gebunden und mit Blumendraht verstärkt.

1. Schneide die Zweige auf ca. 15 Zentimeter Länge. Binde die Zweige mit Blumendraht aneinander, bis ein Kranz entsteht.

2. Den Kranz mit weiteren Zweigen auffüllen und mit Blumendraht umwickeln, bis er schön rund und fest ist.

3. Zum Schluss kannst du deinen Kranz mit Schleifen, Perlen, Zieräpfeln und anderen Kleinigkeiten schmücken.

# Kranz aus Schleifenband

Für diesen Kranz umwickelst du einen Ring aus Styropor mit grünem Schleifenband. Fixiere den Anfang und das Ende des Bands mit Stecknadeln. Forme eine Schlaufe aus einem weiteren Stück Schleifenband und befestige sie mit Stecknadeln am Kranz. Zum Schluss schmückst du dein Werk mit Pailletten und Perlen, die du mit Stecknadeln befestigst.

# Tipp
Diesen Kranz kannst du auch gut verschenken!

Nicht vergessen: Stelle am Abend vor dem 6. Dezember einen Stiefel vor deine Tür, dann legt der Nikolaus leckere Sachen und kleine Geschenke hinein!

# Bald kommt der Nikolaus!

Am 6. Dezember ist Nikolaustag. Er erinnert an Bischof Nikolaus von Myra, der den Menschen gerne geholfen hat. Einer Legende nach soll er drei armen Mädchen Goldstücke durch den Kamin geworfen haben. Sie landeten in Strümpfen, die dort zum Trocknen aufgehängt waren. Daraus entstand der Brauch, am Tag des heiligen Nikolaus Schuhe und Socken vor die Türen zu stellen oder zu hängen.

Schau mal auf den nächsten Seiten nach, was du alles für den Nikolaustag basteln kannst!

# Nikolaus mit Pferd und Sack

Der Nikolaus kommt auf einem Schimmel angeritten. In seinem Sack hat er viele kleine Überraschungen dabei, die er nachts verteilt. So kannst du dir diese Figuren zum Spielen basteln:

## Pferd

1. Für das Pferd den Körper aus einem Stück Pappe ausschneiden (siehe Kasten unten links). Mähne und Schweif aus Wolle zuschneiden und ankleben. Eine Satteldecke aus Papier ausschneiden und auf den Rücken des Pferdes kleben.

2. Mithilfe einer Nadel einen Goldfaden als Zaumzeug durch das Maul fädeln und verknoten.

So sieht der ausgeschnittene Pferdekörper aus. Male ihn mit weißer Farbe an. Die Beine sind zwei Wäscheklammern, die du ebenfalls weiß anmalst.

Der Nikolaus ist aus Tonpapier zusammengeklebt. Die Wäscheklammer klebst du von hinten an die Figur. Damit kannst du sie später auf das Pferd setzen. Der Mantel ist aus Krepppapier. Ziehe mit einer Nadel einen Faden durch eine Kante des Papiers. So kannst du dem Nikolaus den Mantel um die Schultern legen.

# Nikolaus

Wie du den Nikolaus bastelst, siehst du im Kasten auf der linken Seite. Das Fadenende des Zaumzeugs kannst du mit einer Nadel durch den Handschuh ziehen. Male dem Nikolaus mit einem Filzstift Augen und Mund auf und vergiss den Wattebart nicht!

# Sack

Aus einem Stück Jute kannst du einen kleinen Sack nähen (siehe Kästen links) und ihn mit einem Nikolaus aus Filzstücken bekleben. Stelle das Säckchen nachts vor deine Tür! Mal sehen, was passiert ...

Ein rechteckiges Stück Jute (ca. 20 x 40 Zentimeter groß) in der Mitte falten. Die lange und eine kurze Seite mit Stecknadeln zusammenstecken.

Den Sack entlang der Stecknadeln mit einem Faden zusammennähen. Oben rechts doppelt nähen, damit die Kante nicht reißt! Stecknadeln entfernen, in den Sack fassen und das Innere nach außen ziehen. Fertig!

# Tüten (be)kleben

Tüten kann man nie genug haben! Hier findest du eine einfache Anleitung, nach der du praktische Tüten in allen Größen und aus verschiedenen Papieren falten kannst. Anschließend kannst du sie bemalen oder bekleben. Mit diesen selbst gemachten Tüten lassen sich Kekse und Geschenke hübsch verpacken.

1 Nimm ein ca. 70 x 50 Zentimeter großes Stück Papier (hier ist es Packpapier). Falte den linken Rand 1 Zentimeter nach innen und bestreiche ihn mit Klebstoff. Die rechte Kante festkleben.

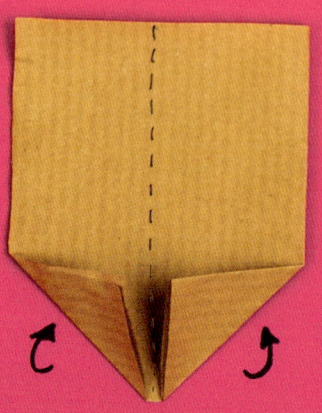

2 Papier noch einmal zu- und auffalten. Am unteren Rand zwei Dreiecke zur Mitte falten. Papier umdrehen.

3 Das untere Dreieck nach oben biegen, aufklappen und die obere und ...

4 ... untere Kante so auseinanderziehen, dass diese Form entsteht.

5 Das Quadrat glatt streichen.

6 Die untere Spitze so weit nach oben knicken.

7 Die obere Spitze herunterklappen und mit Klebstoff fixieren.

8 Wenn der Klebstoff getrocknet ist, fasst du von oben in die Tüte und drückst den Boden nach unten. Fertig! Und was füllst du hinein?

# Nikolaustüte

Du kannst auch eine fertige Tüte (hier eine für Biokompost) bemalen oder bekleben. Damit sie festlicher aussieht, besprühe sie erst mit Goldglitterspray und beklebe sie dann mit verschiedenen Papieren. Verziere deine Tüte mit Nikoläusen, Zahlen, Sternen oder anderen weihnachtlichen Motiven. Und am Abend vor dem 6. Dezember hängst du sie an deine Tür!

# Stiefelparade

Vergiss nicht, am Abend vor dem 6. Dezember einen Stiefel vor deine Tür zu stellen, damit der Nikolaus ihn in der Nacht füllen kann. Oder wie wäre es mit einer ganzen Stiefelparade, selbst gebastelt, rot, bunt oder glitzernd? Aus Papprollen lassen sich diese Stiefel ganz einfach und in verschiedenen Größen herstellen.

1  Aus diesen Teilen wird ein Stiefel. Eine der Klopapierrollen an einem Ende halbkreisförmig so weit einschneiden, dass die andere Rolle in die Öffnung passt. Klebe als Stiefelspitze eine passende Wattekugel fest.

2  So sieht der zusammengeklebte Stiefel aus. Fixiere die Kanten zusätzlich mit Klebestreifen.

3  Schneide aus Pappe eine Schuhsohle zurecht und klebe sie unter den Stiefel.

Dieser Stiefel ist mit roter Farbe bemalt und oben mit einem Streifen Krepppapier verziert. Lass ihn gut trocknen, bevor du ihn aufstellst!

Du brauchst mehr Platz für deine Nikolausgeschenke? Kein Problem! Der große Stiefel unten rechts besteht aus zwei Stücken Versandrolle. Die Stiefelspitze knüllst du aus Papier und befestigst sie mit Klebestreifen an der Schuhsohle.

Für einen besonders bunten Stiefel reißt du verschiedene Papiere in Streifen, bestreichst die Stücke mit Kleister und klebst sie Schicht für Schicht auf.

Die Schuhsohlen kannst du mit schönen Geschenkbändern bekleben. Fixiere sie zusätzlich mit Stecknadeln, damit sie besser halten.

# Wie sieht es aus, das Haus vom Nikolaus?

Hast du dich auch schon mal gefragt, wo der Nikolaus wohnen mag? Hier siehst du, wie du ihm sein eigenes Haus basteln kannst.

## Kuckuck!

Hier schaut der Nikolaus zum Fenster raus! Aus einem DIN-A5-Briefumschlag hast du dieses Haus schnell gebastelt. Schneide mit dem Cutter ein Fenster zum Aufklappen in die Lasche. Dahinter klebst du ein Bild vom Nikolaus. Du kannst das Haus mit Fenstern aus Papier bekleben und es an einem Band aufhängen. Vielleicht steckst du noch einen kleinen Wunschzettel an den Nikolaus in den Briefumschlag.

## In einem Rutsch …

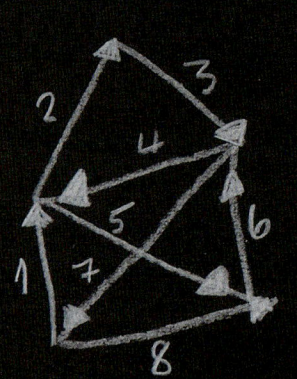

… soll man dieses Haus vom Nikolaus zeichnen, also ohne den Stift abzusetzen! Auf der Zeichnung ganz links siehst du, in welcher Reihenfolge du die Striche machen musst. Folge den Zahlen von 1 bis 8 in Pfeilrichtung. Am besten übst du ein paarmal, bevor du das Nikolaushausspiel spielst.

# Nikolaushaus-Spiel

Für dieses Spiel bekommt jeder Mitspieler ein Blatt Papier, einen Stift und einen Würfel. Es wird reihum gewürfelt. Hat der erste Spieler eine 3 gewürfelt, darf er 3 Striche des Hauses zeichnen. Dann würfelt der nächste und zeichnet seine gewürfelte Anzahl an Strichen. Aber Achtung: Wenn dir am Ende nur noch ein Strich fehlt, musst du eine 1 würfeln! Wer hat sein Haus zuerst fertiggezeichnet? Die Anzahl der Würfe pro Runde wird auf einen Zettel geschrieben. Nach fünf Runden wird zusammengerechnet. Wer die niedrigste Zahl hat, hat gewonnen.

# Zauberhaus vom Nikolaus

1. Klebe ein Dach auf eine große leere Streichholzschachtel. Dafür schneidest du ein Dreieck aus, das etwas breiter ist als die Schachtel. Knicke die untere Kante des Dreiecks nach innen, bestreiche sie mit Klebstoff und klebe sie auf das Innenteil der Schachtel.

2. Kleide das Innere der Schachtel mit gelbem Papier aus und klebe einen kleinen Nikolaus hinein. Den kannst du aus einem Flaschenkorken basteln, an den du Papiermütze und Wattebart klebst. Die Arme sind aus Streichhölzern.

3. Beklebe oder bemale die Schachtel von außen.

4. In den unteren Teil der Schachtel steckst du Nüsse oder kleine Naschereien. Nun kannst du das Zauberhaus oben oder unten öffnen.

So sieht das Haus aus, wenn es geschlossen ist.

# Sockenwichtel

Anstelle von Stiefeln kannst du auch Socken an deine Tür oder an eine Leine hängen. Da passt eine Menge hinein! Einzelne Socken, von denen der zweite verloren gegangen ist, hast du bestimmt, oder?

1. Für den Kopf des Wichtels schneidest du einen Kreis aus Filz aus und klebst ihn auf einen genauso großen Kreis aus Pappe. Nähe den Kopf an den vorderen Sockenrand.

2. Schneide eine Mütze aus Filz aus und klebe sie auf den Kopf. Nun malst du Augen und Mund mit Filzstiften auf.

3  Du kannst die Socken zusätzlich mit Filz bekleben oder deinen Namen daraufschreiben. Mit dicken Filzstiften geht das besonders gut!

# Der eilige Nikolaus

Der Nikolaus hat es ganz schön eilig! Lustig drehen sich seine Beine im Kreis. Ob er es schafft, bis zum 6. Dezember bei dir zu sein? Vielleicht sind seine Helfer, die kleinen Wichtel, ja auch schneller am Ziel!

Wie du den eiligen Nikolaus bastelst, zeigen dir die Kästen links.

1. Den Nikolauskörper und den Kreis (ca. 15 Zentimeter Durchmesser) aus fester Pappe ausschneiden.

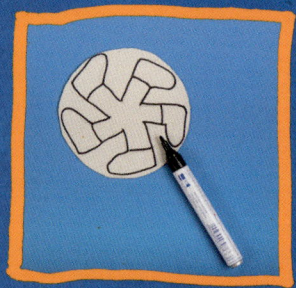

2. Male die Beine auf den Kreis.

3. Nachdem sie bemalt sind, werden die beiden Teile mit einer Briefklammer zusammengesteckt. Pikse dafür ein Loch in die Mitte des Kreises und durch den Rock des Nikolaus.

## Wichtelwettrennen

Für dieses Spiel zeichnest du zwei Reihen Spielfelder auf ein großes weißes Blatt Papier. Auf das Ziel klebst du einen Nikolausstiefel aus Papier.

Die Spielfiguren bestehen aus je einem Flaschenkorken. Darauf klebst du Mäntel und Mützen aus Papier, malst Augen, Nase und Mund auf und klebst kleine Wattebärte an.

4 Nachdem du den Nikolaus bemalt und zusammengesteckt hast, kannst du ihn noch mit einem Stab aus Goldpapier, einem Wattebart und einem kleinen Sack aus Jute versehen.

5 Nun kann der Nikolaus losspurten! Fass ihn oben an der Mütze an und lass den Kreis über eine glatte Fläche rollen. Dabei bewegen sich die Beine in Windeseile!

Und so wird das Wichtelwettrennen gespielt: Setze die Figuren nebeneinander auf ein Startfeld. Dann wird abwechselnd gewürfelt und entsprechend der gewürfelten Augen weitergezogen. Wer zuerst am Stiefel ist, gewinnt eine Nuss oder eine andere Kleinigkeit.

# Weihnachtsduft liegt in der Luft

Kennst du ihn auch, diesen ganz besonderen Duft, den es nur in der Weihnachtszeit gibt? Diese einmalige, wohlriechende Mischung, die Tannennadeln, Orangen, Zimt, Nelken, Kerzen und Plätzchen verströmen? Wenn du dieses Weihnachtsaroma auch so gerne magst, kannst du dir duftende Figuren basteln und damit dein Zimmer oder die Wohnung dekorieren. Vielleicht magst du mit dem Orangenkönig anfangen. Wie er gemacht wird, steht auf der nächsten Seite.

# Oh, Orangenduft!

Aus frischen Orangen sowie getrockneten Scheiben von Zitrusfrüchten (gibt es im Bastelladen), Zimtstangen und Sternanis kannst du diese duftenden Figuren zaubern.

## Orangenkönig

Stecke eine kleine und eine größere Orange mit Zahnstochern zusammen. Dann befestige getrocknete Orangenscheiben und eine getrocknete Limette als Krone am Kopf. Dafür kannst du ebenfalls Zahnstocher oder auch Stecknadeln verwenden. Die Füße sind getrocknete Apfelscheiben und die Arme Zimtstangen. Der Orden auf dem Bauch ist ein Sternanis.

Den Umhang machst du aus einem Streifen Krepppapier, indem du am oberen Rand mit einer Stopfnadel einen Faden durchziehst (siehe Seite 30). Lege einen Pelzkragen aus Watte über den Umhang und male mit Filzstift schwarze Punkte hinein. Die Augen sind auf den Orangenkopf gemalt, Mund und Nase aus Papier aufgeklebt.

## Orangenvogel

Die Schale einer Orange an zwei Seiten so einritzen, dass du zwei kleine Dreiecke als Flügel hochklappen kannst. Vorn einen kleinen Schnabel einritzen und ebenso nach oben klappen. Augen aufmalen, eine kleine Feder in den Kopf stecken und den Vogel in einen Miniblumentopf setzen.

# Orangendame

1. Klebe eine kleine Leiste auf die untere Orange. Fixiere sie zusätzlich mit zwei Zahnstochern, die du vor und hinter der Leiste in den Orangenbauch steckst. Klebe nun den Orangenkopf auf die Leiste und stecke die Zahnstocher auch im Kopf fest.

2. Mit einem Cutter einen Schlitz oben in den Kopf machen und eine getrocknete Orangenscheibe als Hut hineinstecken. Haare aus Lametta ankleben und die Figur so schmücken, wie es dir gefällt.

3. Zwei Orangenscheiben als Handteller auf die Enden der Leiste kleben.

4. Wenn du magst, kannst du Kerzenhalter an den Händen anbringen. Achte dabei auf die Standfestigkeit der Figur und zünde die Kerzen niemals ohne Erwachsene in der Nähe an!

5. In einem kleinen Blumentopf steht die Orangendame sicher.

# Was duftet hier so schön?

Äpfel und Apfelsinen – so werden Orangen auch genannt – verbreiten einen schönen vorweihnachtlichen Geruch, besonders wenn sie länger in warmer Zimmerluft stehen und anfangen zu trocknen.

## Leuchtende Orange

Schneide eine Orange in der Mitte durch und löse das Fruchtfleisch mit einem spitzen Messer oder mit den Fingern heraus, ohne die Schale zu beschädigen (siehe linker Kasten). Vielleicht lässt du dir dabei von einem Erwachsenen helfen.

Zeichne mit einem Filzstift Sterne auf die Orangenhälften und schneide sie vorsichtig mit einem Messer aus. Hebe die ausgeschnittenen Sterne auf! Stelle ein Teelicht in die untere Orangenhälfte, zünde es an und setze die obere Hälfte auf. In der Dämmerung leuchtet das Licht besonders schön!

## Hinweis

Lass Kerzen niemals ohne Aufsicht brennen!

## Apfelleuchter

Für diesen Kerzenhalter drei kleine Äpfel mit Zahnstochern so zusammenstecken, dass sie sicher stehen. Mit dem Messer einen Mund in das Gesicht schneiden und mit einem Filzstift Augen aufmalen. Zwei Zimtstangen als Arme in den mittleren Apfel stecken. Schmücke den Apfelleuchter mit den Sternen aus Orangenschale und mit Engelshaar. Pikse zum Schluss einen Kerzenhalter samt Kerze oben in den Kopf.

So höhlst du die Orange für die Laterne aus.

So wird die Orangenschale zu einer Schlange.

## Duftschlange

Wenn du eine Orange von oben angefangen ohne abzusetzen abschälst, entsteht eine lange Schlange, die du bemalen und bekleben kannst. Die Augen sind aus Knete, die kleine Zunge aus Papier. Klebe beides an der Schlange fest. Dann kannst du sie über deinen Tisch kriechen lassen.

## Seltene Winterblume

Du kannst die Schlange auch zu einer Blüte aufrollen und mit Stecknadeln zusammenstecken. Klebe die Blüte auf einen grün bemalten Holzstab und stecke diesen in einen kleinen Blumentopf, der mit Knete gefüllt ist. Tannenzweige dienen als Blätter.

# Viele, viele Nüsse!

## Endlose Erdnussgirlande

Erdnüsse kannst du bemalen und bekleben, zum Beispiel als Schneemänner, Elche oder Weihnachtsmänner. Wenn du ganz viele von diesen kleinen Figuren gebastelt hast, kannst du sie mithilfe einer Stopfnadel auf einen langen Faden auffädeln und eine Wand, eine Tür oder auch den Tannenbaum damit schmücken.

## Weihnachtsmann

Dieser Weihnachtsmann besteht aus einem schönen Apfel, in den du mit einem Zahnstocher eine Walnuss steckst. Klebe einen Streifen Krepppapier als Mütze rings um die Nuss und binde ihn oben mit einem Faden zusammen. Wattebart ankleben und Streichholzarme in den Apfel stecken – fertig!

## Walnüsse

Bemale eine Walnussschalenhälfte mit goldener Farbe. Schon hast du eine kleine Krippe für das Christkind! Eine Perle ist sein Kopf und ein Stück Seidenpapier, das du an die Perle klebst, sein Hemd. Die Arme sind Streichholzstückchen, die du von hinten an das Hemd klebst.

Die Ente besteht aus einer Walnuss und einer Erdnuss. Und vielleicht erfindest du ja noch ganz andere Nuss-Tiere! Schau einfach, welche Formen gut zusammenpassen, bevor du sie zusammenklebst.

# Im Zapfenwald

Tannenzapfen dürfen in der Weihnachtszeit nicht fehlen. Bei einem Spaziergang im Wald kannst du sie sammeln und mit nach Hause nehmen. Die Zapfen öffnen sich nach einiger Zeit, wenn sie an einem trockenen Platz liegen.

## Zapfenzwerge

1. Für eine Zipfelmütze schneidest du mit einer Schere eine Spitze aus einem leeren Eierkarton und malst sie rot an.
2. Das Gesicht schneidest du aus Papier aus und klebst es auf den Zapfen (siehe Kasten links).
3. Arme und Beine sind aus Streichhölzern, die du in den Zapfen klebst.
4. Schneide kleine Handschuhe und Stiefel aus Papier aus und klebe sie an Arme und Beine.
5. Um deinen Zapfenzwerg aufzuhängen, ziehst du mit einer Stopfnadel einen Faden durch die Mütze und verknotest die Enden.

Zuerst das Gesicht aufkleben, dann die Mütze darüberkleben (links). Den Wattebart um das Gesicht kleben (rechts).

# Eichhörnchen

1. Die Teile für das Eichhörnchen aus fester Pappe ausschneiden (siehe Tafel links).
2. Arme und Beine an den Körper kleben.
3. Auf jede Seite des Kopfes eine Walnussschalenhälfte kleben. Zwei Ohren aus Filz oder Papier auf den Nusskopf kleben.
4. Klebe das Eichhörnchen auf einen Untergrund aus Pappe. Der Schwanz besteht aus einem Zapfen, den du in ein Stück Knete drückst (siehe Kasten rechts).
5. Male das Eichhörnchen zum Schluss an.

So wird das Eichhörnchen auf die Pappe geklebt.

# Leckere Bastelwerke

Kleine Naschereien und süße Geschenke kannst du aus Dörrobst, Marzipanrohmasse, Honigkuchen, Nüssen und bunten Backzutaten herstellen. Das ist manchmal eine ganz schön klebrige Angelegenheit, deshalb solltest du dir wie nach jedem Basteln die Hände waschen!

## Zwetschgen-Zwerg

Für den Körper fädelst du getrocknete Zwetschgen und Aprikosen auf Blumendraht (siehe Kästen). Auf die Drahtenden klebst du Handschuhe und Schuhe aus Papier. Wattehaare auf das Nussgesicht kleben, eine Mütze aus einer Eierkartonspitze (siehe Seite 50) aufsetzen und einen Schal aus Krepppapier um den Hals wickeln.

1 So die ersten Früchte als Beine und Bauch auf den Blumendraht fädeln. Die unteren Drahtenden umbiegen, damit nichts herunterfällt.

2 Die Drähte als Arme nach rechts und links biegen und weitere Zwetschgen auffädeln.

3 Ein Stück Draht in eine Walnuss schieben und das andere Ende fest um den Körper der Figur wickeln.

# Honigkuchenhaus

Für dieses Haus brauchst du zwei Stücke Honigkuchen. Ein Stück schneidest du als Dreieck zu, das wird das Dach. Aus den Resten schneidest du einen Schornstein zurecht. Dann klebst oder legst du alle Teile auf einen Untergrund. Wie du einen essbaren Kleber herstellst, steht auf Seite 54.

# Marzipanherz

Mit Marzipanrohmasse und Ausstechformen lassen sich süße Geschenke zaubern. Verziere sie mit Zuckerperlen oder Mandeln und verschenke sie in einer kleinen Schachtel.

# Haselnusshasen

Aus zwei Haselnüssen wird im Handumdrehen ein Hase. Auf die untere Nuss klebst du einen Schal aus Knete und setzt darauf die zweite Nuss. Filzohren ankleben – fertig!

# Süßer Igel

Forme aus Marzipanmasse einen Igel (vorne spitz, hinten rund) und verziere ihn mit Stacheln aus Mandelstiften.

# Knusperhäuschen

Hättest du auch gerne ein Knusperhäuschen? Hier siehst du eine ganz einfache Art, es herzustellen. Es macht viel Spaß, das kleine Papphäuschen zuerst mit Keksen und anderen Naschereien zu dekorieren, um dann später daran zu knuspern.

1. Du kannst das Haus aus einer oder mehreren quadratischen Schachteln bauen. Klebe an jede Seite des Hauses einen Pappstreifen. Sie müssen oben ein gutes Stück überstehen.

2. Die Streifen zu einem Dach biegen und mit Klebestreifen fixieren.

3. Ein passendes Dreieck aus Pappe ausschneiden und mit Klebestreifen unter das Dach kleben.

4. Zuckerguss ist ein essbarer Kleber. Du stellst ihn her, indem du ein Eiweiß mit Puderzucker verrührst. Schütte den Puderzucker unter Rühren in das verquirlte Eiweiß, bis eine klebrige Masse entsteht. Sie muss so dick sein, dass sie nur ganz schwer vom Löffel tropft.

Dieser Tannenzapfen wurde mit Zuckerguss glasiert und anschließend mit Zuckerperlen verziert.

5 Bestreiche zuerst eine Seite des Papphäuschens mit Zuckerguss und klebe Kekse, Zuckerperlen, Honigkuchen oder andere Leckereien darauf.

6 Lass die erste Seite trocknen, bevor du mit der nächsten weitermachst. Das dauert nicht lange, denn Zuckerguss wird sehr schnell fest.

7 Wenn alle Seiten getrocknet sind und nichts mehr herunterfallen kann, stellst du das Häuschen auf einen Untergrund aus Pappe und verteilst den restlichen Zuckerguss über dem gesamten Haus.

# Mmh ... Plätzchenduft!

Vielleicht habt ihr bei euch zu Hause schon Plätzchen gebacken und der Duft zieht durch das ganze Haus? Biete sie doch in der himmlischen Bäckerei an! Dort verkauft ein Bäckerengel die Plätzchen. Und so präsentiert schmecken sie wirklich himmlisch!

## Bäckerengel

Für diesen Engel brauchst du eine leere Klopapierrolle, eine Tortendecke aus Papier und eine Wattekugel.

1. Halte die Rolle über die Mitte der Tortendecke und stopfe das Papier in die Öffnung der Rolle.
2. Stülpe das überstehende Papier um, sodass es die Rolle verkleidet.
3. Binde ein Schleifenband um den oberen Rollenrand und klebe eine Wattekugel darauf.
4. Rolle zwei Stückchen weißes Papier auf, klebe es an den Kanten zusammen und klebe die Rollen als Arme an den Engel. 
5. Aus Goldpapier schneidest du Flügel aus und klebst sie dem Engel an den Rücken.

Schneide einen breiten Streifen aus der oberen Hälfte des Deckels. Für die Theke die untere Hälfte einige Zentimeter einschneiden und den so entstehenden Streifen nach außen knicken.

Mit einer Nadel einen Faden zuerst von unten durch ein Ende der Theke ziehen, dann von innen nach außen durch das Dach. Den Faden auf der anderen Seite des Daches wieder zurück- und durch das andere Ende der Theke ziehen. An jedes Fadenende ein Streichholzstück knoten.

# Himmlische Bäckerei

Aus einem quadratischen Karton (zum Beispiel für Torten) kannst du diesen himmlischen Verkaufsstand für Kekse basteln (siehe Kästen links). Klebe kleine Schachteln auf die Verkaufstheke. Dort hinein füllst du süße Leckereien. Oder du fädelst Kekse, die ein Loch haben, auf einen Faden und befestigst diesen in der Schachtel. Dafür kannst du den Faden mit einer Nadel durch die Seitenflächen ziehen.

# Tannenduft

Der Geruch von Tannen- oder Fichtenzweigen gehört einfach zur Weihnachtszeit dazu. Bevor der große Christbaum geschmückt wird, kannst du aus einzelnen Zweigen schon einmal diesen kleinen Baum oder auch Igel und Elch basteln.

## Kleiner Tannenbaum

Schneide mit einer Schere einen Tannenzweig in Stücke. Jedes Stück sollte ein wenig länger sein als das vorherige. Klebe das kürzeste Stück als Baumspitze an das Ende einer Zimtstange oder auf einen Stamm aus Pappe. Das nächstlängere Stück kommt darunter und so weiter. Wenn du die Zweige zusätzlich mit Blumendraht umwickelst, bekommen sie noch mehr Halt. Schmücke den Baum mit Knöpfen, die du mit Blumendraht fixieren kannst.

Stecke deine Tanne in einen kleinen Blumentopf mit Knete, dann kannst du sie auf deinen Schreibtisch oder die Fensterbank stellen.

# Elch

Kopf, Bauch, Beine und Arme dieses Elchs werden aus Pappe ausgeschnitten, bemalt und mit Papier beklebt. Oben in den Kopf steckst du ein Geweih aus Tannenzweigen. Mit etwas Klebstoff beträufelt, halten die Zweige noch besser. Schneide die Ohren aus Packpapier aus und klebe sie an.

# Igel

Schneide den Körper des Igels und vier Beine aus Pappe aus. Die Beine klebst du von hinten an den Körper. Stecke zunächst von oben Tannenzweige in die Pappe und beklebe dann den restlichen Körper mit Zweigen. Die Nase besteht aus einer Perle, die du an den Igel steckst. Die Ohren sind aus Papier.

# Im Winterwald

Ein verschneiter Winterwald ist nicht nur wunderschön, sondern auch geheimnisvoll. Der glitzernde Schnee rieselt von den Bäumen und auf dem Boden finden sich zahlreiche Tierspuren. Nimm die schönen Eindrücke aus dem Wald mit nach Hause! Und dort, in der warmen Stube, kannst du dir deinen eigenen Winterwald basteln, mit allen Tieren, die darin leben, und vielleicht auch mit einer Schneekönigin. Was meinst du, ob die Waldbewohner auch Weihnachten feiern?

# Waldbewohner

Im Winterwald sind viele Tiere zu finden, auch Raben, Rentiere und Füchse. Wie du die gebastelten Waldbewohner in einer winterlich dekorierten Obstkiste arrangieren kannst, siehst du auf Seite 60/61. Dafür kannst du zum Beispiel Zweige, Silberspray und Schnee aus Watte verwenden.

1  Schneide eine der Rollen wie hier zu sehen ein.

2  Stecke die beiden Rollen ineinander und fixiere sie mit Klebstoff.

## Rudi Rentier

Wie du Rudi aus zwei Klopapierrollen zusammenklebst, siehst du in den Kästen oben. Schneide das untere Ende des Kopfes halbkreisförmig zu. Das ist das Maul. Jetzt kannst du das Rentier anmalen. Wenn die Farbe getrocknet ist, klebst du zwei getrocknete Eichenblätter und Ohren aus Papier an den Kopf. Die rote Nase ist aus geknülltem Seidenpapier. Unten in den Bauch stichst du mit dem spitzen Teil der Schere vier Löcher, in die du kleine Zweige als Beine steckst.

Sollte Rudi nach vorne kippen, klebst du einen Stein in den hinteren Teil des Bauchs. So bleibt er im Gleichgewicht.

# Raben

Aus schwarzem Tonkarton schneidest du die Körper aus, aus gelbem Papier Schnäbel und Füße. Auf die Rückseiten der Raben Wäscheklammern kleben. An die Enden der Klammern Füße aus Papier kleben. Schon können die Raben auf den Zweigen Platz nehmen!

# Fuchs

1. Eine leere Klopapierrolle mit orangefarbenem Papier bekleben und die Spitze einer Eierpappe als Kopf hineinkleben (siehe Kasten).
2. Den Kopf anmalen und einen Schwanz aus Märchenwolle in die Rolle kleben.
3. Ohren und Beine aus Tonkarton ausschneiden und ebenfalls ankleben.
4. Eine Perle an das Maul kleben und mit einer Stecknadel fixieren.

# Winterkuscheltiere

Aus verschieden großen Wollknäueln lassen sich ganz einfach Tiere zum Kuscheln oder zum Verschenken basteln. Vielleicht hat jemand ein paar schöne Wollreste für dich, dann kannst du gleich anfangen.

## Rentier

Wickle ein kleineres und ein größeres weißes Knäuel und nähe sie mit Nadel und Faden zu solch einem Rentier zusammen. Die Zweige für die Beine kannst du entweder gleich mit in das Knäuel wickeln oder zum Schluss hineinstecken. Stecke kleine Zweige als Geweih in den Kopf, dann klebe Perlenaugen und -nase sowie einen Mund aus Filz an.

## Mäuschen

Für ein Mäuschen brauchst du nur ein kleines Knäuel zu wickeln (siehe Seite 143 oben rechts im Kasten). Wenn du damit fertig bist, vernähst du ein Fadenende mit einer Stopfnadel im Knäuel, das andere lässt du als Schwanz heraushängen. Nun nur noch Ohren, Füße und Augen aus Filz oder Papier ausschneiden und an das Mäuschen kleben.

## Schneehase

Dieser kleine Schneehase wird einfach aus einem Stück weißem Plüschstoff ausgeschnitten und auf einen Flaschenkorken geklebt. Vergiss nicht, die Ohren mitauszuschneiden! So kannst du eine ganze Schneehasenfamilie basteln. Zum Schluss noch Perlenaugen und -nase ankleben.

## Bär

Hält der Bär gerade Winterschlaf oder ist er wach? Entscheide du! Auf der einen Seite des Kopfes sind seine Augen nämlich geöffnet, auf der anderen geschlossen. Lege den fertigen Bären in eine Höhle aus Papier oder in einen kleinen Karton.

1  Zwei Knäuel zu Kopf und Bauch wickeln und mit einer Stopfnadel zusammennähen.

2  Für Arme und Beine längere Knäuel wickeln und an den Körper nähen.

3  Der Bär bekommt auf jeder Seite ein Gesicht, damit er schlafen oder wachen kann. Sticke den Mund aus hellerer Wolle auf und klebe oder nähe eine Perle als Nase an. Die Augen sind aus Filz.

# Holzrentiere

Holzreste bekommst du im Baumarkt oder von einer Tischlerei. Du kannst sie zu kleinen oder großen Rentieren zusammenkleben. Vielleicht möchtest du ja ein ganz großes Rentier basteln, das dann vor deiner Tür steht.

1. Überlege dir, welche Holzstücke aus deiner Sammlung gut zusammenpassen. Lege sie zuerst richtig angeordnet vor dich hin und klebe sie dann zusammen.

2. Wenn der Klebstoff getrocknet ist, malst du mit Deckweiß ein Maul auf das Holz. Ist die Farbe trocken, mit einem Filzstift den Mund aufzeichnen.

3. Aus rotem Seidenpapier eine Nase zusammenknüllen und zu einer schönen Kugel rollen. Mit Klebstoff am Rentier befestigen.

4. Ohren aus Packpapier ausschneiden und ankleben. Das Geweih besteht aus zwei getrockneten Eichenblättern. Wenn du im Herbst keine Blätter gesammelt und gepresst hast, schau einmal draußen nach: Das Laub von Eichen ist oft auch im Winter noch an den Bäumen zu finden.

5. Das kleine Rentier bekommt vier Streichholzbeine, die an den Körper geklebt werden. Das große Rentier hat Beine aus quadratischen Holzstücken. Darauf kann es gut stehen.

# Schneeflöckchen, Weißröckchen ...

... wann kommst du geschneit? Kennst du dieses Lied? Wenn du magst, kommen die Schneeflöckchen gleich in dein Zimmer geschneit! Du kannst sie aus Papiertaschentüchern basteln und am Fenster oder an einem schönen Zweig aufhängen.

1  Das Papiertaschentuch auseinanderfalten ...

2  ... wie eine Ziehharmonika falten (siehe Seite 8) und in der Mitte mit einem Faden zusammenbinden. Die Fadenenden herunterhängen lassen.

3  Von beiden Seiten einen ca. 2 Zentimeter breiten Streifen abreißen.

4  Von den Seiten aus die einzelnen Papierlagen vorsichtig zur Mitte hin hochziehen.

5  Es entsteht solch eine Blütenform.

6  Auf die Fadenenden mit einer Stopfnadel eine Wattekugel fädeln. Ein Gesicht aufmalen und etwas Engelshaar oder Watte auf den Kopf kleben. Aus Silberpapier eine Krone ausschneiden und der Schneeflocke aufsetzen.

Die Schneeflocken sehen an einem mit Silberfarbe besprühten Zweig besonders schön aus.

69

# Schneemänner ohne Schnee

Schneemänner bauen ist ein Riesenspaß. Nur was tun, wenn es draußen gar nicht geschneit hat? Kein Problem, denn du kannst sie auch basteln, zum Beispiel aus …

## … Papier

Aus Zeitungspapier zwei Kugeln rollen und mit Klebeband fixieren. Mit weißen Krepppapierstreifen umwickeln und die Kugeln zusammenkleben.

Den Hut aus Tonkarton ausschneiden und mit Stecknadeln feststecken. Nase ankleben, Schal umbinden – fertig!

## … Wattekugeln

## … Knöpfen

# Stempel-Schneemann

Einen runden Malschwamm mit weißer Farbe bestreichen und damit zwei Kreise auf Seidenpapier drucken. Nase aus Papier ankleben und einen Hut aufmalen.

Wenn du einen großen Bogen Papier mit diesem Motiv bedruckst, kannst du darin Geschenke einwickeln.

... Watte

... Alufolie

# Im Eiswald

Kannst du dir einen eisig gefrorenen Wald vorstellen? Der glitzert besonders schön, und wundersame glänzende Wesen begegnen dir dort. Sie bestehen aus Alufolie, die ein echter Verwandlungskünstler ist.

## Eisstern

Forme ein Stück Alufolie zu einer Scheibe. Dann fädele Perlen auf Stecknadeln und pikse diese rundherum in die Scheibe. Mit etwas Klebstoff auf den Nadelspitzen hält es noch besser.

## Eiskönigin

1 Aus einem ca. 40 x 30 Zentimeter großen Stück Alufolie formst du den Rock und den Körper der Eiskönigin (siehe Kasten).

2 Stecke eine Nadel mit dem Kopf voran in eine Wattekugel. Die Spitze pikst du in den Körper.

3 Binde einen Schal aus Krepppapier unter den Kopf und klebe Haare aus Lametta an.

4 Eine Silberkrone ausschneiden und auf den Kopf kleben.

So formst du den Rock und den Körper der Königin. Für die Arme eine dünne Rolle formen und so hinter den Oberkörper legen, dass oben ein Stück Körper übersteht. Dieses Stück über die Arme nach hinten biegen.

## Eiseule

Körper, Kopf und Ohren der Eule aus Alufolie formen. Zwei Augen aus Buntpapier ausschneiden und aufkleben. Zwei Federn von hinten an die Eule kleben. Dann zwei kleine Wäscheklammern mit Folie bekleben und von hinten an den Eulenkörper kleben. Damit kannst du die Eule auf einen Ast setzen.

So sieht die Eule von hinten aus.

## Silberbäume

Für diese glänzenden Bäume kannst du entweder Zweige mit Silberfarbe anmalen oder sie mit Klebstoff bestreichen und anschließend mit Alufolie umwickeln.

## Silberschwäne

Aus einem Stück Folie formst du zuerst ein flaches Rechteck und bringst es dann in Schwanenform. Du kannst den Schwänen auch Beine formen und seitlich ankleben.

# Die Schneekönigin kommt!

Die Schneekönigin fährt gerne mit ihrem Schlitten im Schneegestöber durch den Wald. Dank dieser Bastelanleitung kommt sie auch zu dir nach Hause:

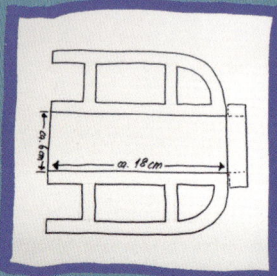

1. Auf ein ca. 20 x 20 Zentimeter großes Stück weißen Karton zeichnest du diese Schlittenform und schneidest sie aus. Lass dir dabei von einem Erwachsenen helfen! Die Form eventuell mit Silberfarbe besprühen.

2. Die Seitenteile des Schlittens nach unten falten. Den vorderen Streifen nach unten knicken, die kleinen Seitenflächen (siehe gestrichelte Linie bei Schritt 1) mit Klebstoff bestreichen und innen an den Kufen festkleben.

3. Diese Teile brauchst du für das Pferd. Du zeichnest sie ebenfalls auf weißen Karton und schneidest sie aus.

4. Die Beine klebst du auf der Rückseite des Körpers fest. Wenn der Klebstoff getrocknet ist, biegst du alle Beine etwas nach außen, damit das Pferd stehen kann.

5. Die Mähne und den Schweif aus silberfarbenen Fäden zuschneiden und auf der Rückseite des Pferdes mit Klebstoff und zusätzlich mit Klebeband fixieren.

6. Mit einer Stopfnadel einen langen Silberfaden durch das Maul ziehen.

Hier siehst du eine noch einfachere Möglichkeit, die Schneekönigin zu basteln: Schneide Pferd, Schlitten und Königin aus weißem Papier aus und klebe sie auf einen blau bemalten Karton. Die Haare aus Lametta und einen Umhang aus Frischhaltefolie oder einem schönen Papier klebst du an die Königin. Watteschneeflocken machen dein Bild perfekt!

7  Für die Schneekönigin eine leere Klopapierrolle mit weißem Papier bekleben. Oben in die Öffnung eine passende Wattekugel kleben, auf die du zuvor ein Gesicht gemalt hast.

8  Haare aus Lametta, eine Krone aus Silberpapier und Arme aus Tonkarton ankleben.

9  Zum Schluss die Königin auf den Schlitten stellen oder festkleben.

# Häuser am Waldesrand

Geheimnisvoll leuchten die Fenster in der Dämmerung. Wer mag dort wohl wohnen? Wenn du die Häuser gebastelt hast, kannst du dir eine Geschichte dazu ausdenken.

## Hexenhaus

1. Du brauchst ein großes leeres Glas, zum Beispiel ein Joghurt- oder Einmachglas, und einen schwarzen Papierstreifen, der nicht höher sein darf als das Glas und der so lang sein muss wie der Umfang des Glases.

2. Zeichne die Häuser und Tannen mit einem weißen Stift auf den Streifen und schneide alles entlang der Linien aus. Die Fenster schneidest du am besten mit einem Cutter aus.

3. Beklebe die Fenster von hinten mit kleinen Stücken Transparentpapier.

4. Sprühe die Rückseite des Streifens mit Kleber ein und befestige den Streifen außen am Glas.

5. Mit etwas Watte kannst du die Schornsteine rauchen lassen. Und wenn du das Glas von innen mit Glitzerspray besprühst, funkeln die Lichter darin noch mehr.

6. In der Dämmerung stellst du Teelichte in das Glas und zündest sie an.

# Milchtütenhäuser

Spüle leere Milchkartons gut mit Wasser aus und lass sie anschließend trocknen. Die Rückseite jedes Kartons schneidest du mit dem Cutter heraus. Das ist wichtig, damit kein Wärmestau entsteht, wenn die Teelichte darin brennen.

Die Fenster und Türen mit dem Cutter herausschneiden und die Häuser anschließend bunt bemalen. Wenn die Farben getrocknet sind, Transparentpapierstücke zuschneiden und von innen an die Öffnungen kleben. Aus Tonkarton Schornsteine aufrollen, mit etwas Klebstoff bestreichen und in die Ausgießer auf den Kartons schieben. Watte als Rauch in die Schornsteine kleben.

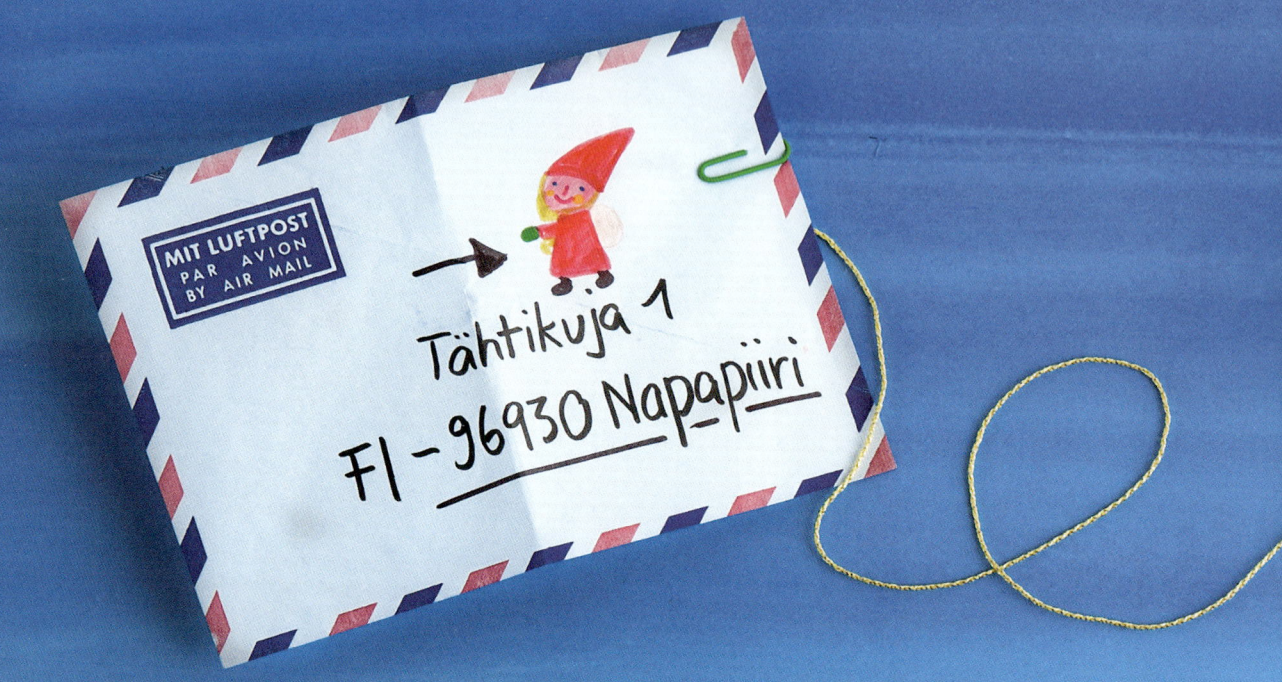

# Hurra, die Weihnachtspost ist da!

Zu keiner anderen Jahreszeit wird so viel Post verschickt wie im Advent. Es ist aufregend, wenn der Postbote klingelt und bunte Päckchen und schöne Briefe bringt. Möchtest du auch jemandem eine Freude machen und ein originell verpacktes Geschenk verschicken? Oder einen Wunschzettel an den Weihnachtsmann schreiben?

# Ab die Post!

Normale Weihnachtspost ist dir viel zu langweilig? Hier findest du eine Bastelanleitung für eine Überraschungs-Weihnachtskarte. Mit der Raketenpost kannst du rasend schnell kleine Päckchen verschicken, und die Adresse des Weihnachtsmanns findest du auf dem Brief. Hast du deinen Wunschzettel schon geschrieben?

## Ziehharmonika-Karte

Schneide aus Tonkarton ein Gesicht, eine Mütze und zwei Rechtecke für den Mantel aus. Klebe Mütze, Gesicht und ein Mantel-Rechteck aneinander. Nun brauchst du einen langen Streifen weißes Papier, den du in zehn gleich große Felder aufteilst und wie eine Ziehharmonika faltest (siehe Seite 8). Klebe den Streifen an der Rückseite des Mantels fest. Dann schreibst du in die Felder „Frohes Fest", und zwar je einen Buchstaben in ein Feld.

Klebe das untere Ende des Streifens auf den zweiten Teil des Mantels. Lass ein kleines Stückchen Mantel frei, dass du nach vorn umklappst. Wenn der Klebstoff getrocknet ist, faltest du den Streifen zusammen und fixierst ihn mit kleinen, rot bemalten Wäscheklammern. Klebe Handschuhe aus Papier an die Klammern und Stiefel aus Tonpapier unten an den Mantel.

So sieht die zusammengefaltete Karte aus.

So sieht die fertige Karte von hinten aus.

Zum Öffnen und Lesen der Karte die Klammern lösen. Auf diese Weise kannst du natürlich auch viele andere Botschaften verschicken.

Für die Raketenspitze so einen Dreiviertelkreis ausschneiden und an den geraden Kanten zusammenkleben.

# Raketenpost

1. Eine leere Klopapierrolle mit weißem Papier bekleben.
2. Die Raketenspitze (siehe Bild rechts) auf die Rolle kleben.
3. Die Rakete mit goldenen oder roten Streifen verzieren.
4. Zwei Dreiecke aus Papier seitlich an die Rakete kleben und unten bunte Papierstreifen ankleben.
5. Die Rakete mit kleinen Geschenken füllen und mit geknülltem Seidenpapier zustopfen. So kann beim Flug nichts herausfallen.

# Luftpost

In Windeseile bringt die Luftpost deinen Wunschzettel ans Ziel. Welchen Postboten schickst du auf den Weg? Den schwarzen Raben oder die weiße Brieftaube?

## Brieflein im Schnabel

1. Aus schwarzem Tonkarton schneidest du den Körper und die Beine des Raben aus.
2. Für die Flügel schneidest du einen ca. 20 x 40 Zentimeter großen Streifen aus schwarzem Buntpapier aus und faltest ihn wie eine Ziehharmonika (siehe Seite 8).
3. In die Mitte des Körpers schneidest du nun mit dem Cutter einen Schlitz. Er muss so groß sein, dass die gefalteten Flügel hindurchpassen.
4. Schiebe den gefalteten Streifen bis zur Mitte durch den Schlitz und fächere ihn dann auf beiden Seiten auseinander.
5. Klebe die oberen Enden des Streifens zusammen. Fixiere die Klebestelle mit einer Büroklammer, bis der Klebstoff getrocknet ist.
6. Hinter den Schnabel klebst du eine Wäscheklammer, in die du deinen Brief steckst.
7. Du kannst deinem Raben noch eine Mütze aus Papier aufkleben und ihm Socken anziehen. Diese hier wurden aus einer bunten Serviette ausgeschnitten.

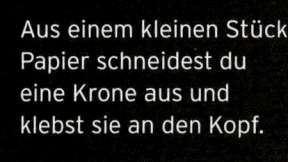

Aus einem kleinen Stück Papier schneidest du eine Krone aus und klebst sie an den Kopf.

Beine und Schnabel aus gelbem Tonpapier ausschneiden und ankleben.

# Brieftaube

Schneide den Vogelkörper aus weißem Tonkarton aus und klebe einen Luftpostumschlag darauf. Du kannst auch auf beide Seiten des Körpers einen Umschlag kleben. Wenn du die Brieflaschen offen stehen lässt, wirken sie wie Flügel.

Falte einen Streifen Silberpapier wie eine Ziehharmonika (siehe Seite 8) und klebe ihn an das Schwanzende.

# Geflügelte Grüße

Bei dieser Taube verbirgt sich der Weihnachtsgruß in den Flügeln. Der Empfänger kann ihn lesen, wenn er die Flügel nach unten klappt.

1  Schneide einen Vogelkörper aus und klebe von beiden Seiten Flügel an.

2  Falte den vorderen Flügel nach unten. Auf die Innenseite kannst du nun deine guten Wünsche schreiben.

# Witzige Weihnachtsbriefe

Briefumschläge gibt es in verschiedenen Farben und Größen. Mit ganz einfachen Mitteln kannst du sie in Schneemänner, Nikoläuse oder Rentiere verwandeln. Und schon hast du deine Weihnachtspost selbst gebastelt.

## Schneemann

Dafür brauchst du einen normalen weißen Umschlag. Aus schwarzem Tonpapier schneidest du einen Hut aus und klebst ihn an die linke kurze Kante. Nase und Mund sind aus buntem Tonpapier. Male die Augen auf und schmücke den Schneemann mit einem kleinen Zweig und einem silberfarbenen Band.

## Engel

Schneide aus blauem Tonkarton eine Karte aus, die doppelt so groß ist wie der Briefumschlag, in dem sie verschickt werden soll. Du faltest die Karte in der Mitte und klebst einen Kopf aus Tonpapier auf eine Seite. Aus einem Tortendeckchen ein Kleid mit Ärmeln ausschneiden und in die Karte kleben. Die Hände sind aus Tonpapier. Falte aus Goldpapier eine Ziehharmonika (siehe Seite 8) und klebe die Enden an die Hände des Engels. Zum Schluss klappst du die Karte zusammen und steckst sie in den Umschlag.

# Nikolaus

Klebe einen Kopf, eine Mütze und Stiefel aus Tonkarton an einen roten Briefumschlag. Male mit einem dunklen Filzstift Arme an die Laschen des Umschlags. Die Handschuhe sind aus Papier. Du kannst sie noch mit etwas Watte verzieren. Der Schal besteht aus einem Filzstreifen. Nun kannst du einen Brief in den Mantel des Nikolaus stecken.

So sieht der geöffnete Briefumschlag aus.

# Rentier

Einem großen, braunen Umschlag Ohren aus Goldpapier, einen Knopf als Nase und Augen aus Buntpapier ankleben. Dann kleine Geschenke oder einen Brief in den Umschlag stecken und ihn zutackern oder -kleben. Zum Schluss kleine Zweige als Geweih in die Öffnung stecken.

# Weihnachtswunderwürfel

Mit diesen Würfeln kannst du spielen, aber auch kleine Geschenke darin verpacken. Nach dem hier gezeigten Muster kannst du sie in vielen verschiedenen Größen basteln. Wichtig ist, dass alle Flächen quadratisch und gleich groß sind.

1. Zeichne ein 10 x 10 Zentimeter großes Quadrat mit Bleistift und Lineal auf Tonkarton.

2. Davon ausgehend zeichnest du die anderen fünf Quadrate wie links zu sehen dazu. Vergiss die Klebelaschen nicht (hier pink markiert)!

3. Schneide die Würfelform mit einem Cutter aus. Lass dir von einem Erwachsenen dabei helfen!

4. Knicke alle Flächen des Würfels an den gestrichelten Linien nach innen. Die Klebelaschen werden ebenfalls nach innen geknickt.

5. Bestreiche die Laschen mit Klebstoff und klebe den Würfel zusammen. Mit etwas Übung gelingt es ganz leicht!

6. Möchtest du ein Geschenk in deinen Würfel stecken, klebst du die letzte Fläche nicht fest, sondern schiebst die Laschen nur in den Würfel.

7. Zum Schluss eine Schnur oder eine schöne Schleife um den Würfel binden.

## Tipp

Heute muss es mal ganz schnell gehen? Dann such dir einfach eine quadratische Schachtel und beklebe sie!

## Würfelspiele

Wenn der Klebstoff getrocknet ist, kannst du den Würfel mit Zahlen oder Punkten von 1 bis 6 bekleben. Und dann wird losgespielt!

## Verflixte 3

Jeder Spieler würfelt fünf Mal hintereinander und zählt die Würfe zusammen. Hat ein Spieler aber eine 3 gewürfelt, muss er alle Würfe streichen und den Würfel weitergeben. Wer nach fünf Runden die meisten Punkte hat, ist Sieger.

## Lotto

Alle Mitspieler einigen sich auf eine Zahl, zum Beispiel die 24. Dann wird reihum gewürfelt. Wer die vereinbarte Zahl zuerst mit seinen Würfen erreicht, hat die Runde gewonnen. Wer sie übertrifft, muss wieder bei Null anfangen.

# Was kommt in die Tüte?

Kekse, Nüsse oder auch kleine Geschenke kannst du in diesen praktischen Tüten verpacken. Sie werden einfach aus festem Papier aufgerollt und dann in Form geschnitten. Probier es gleich mal aus!

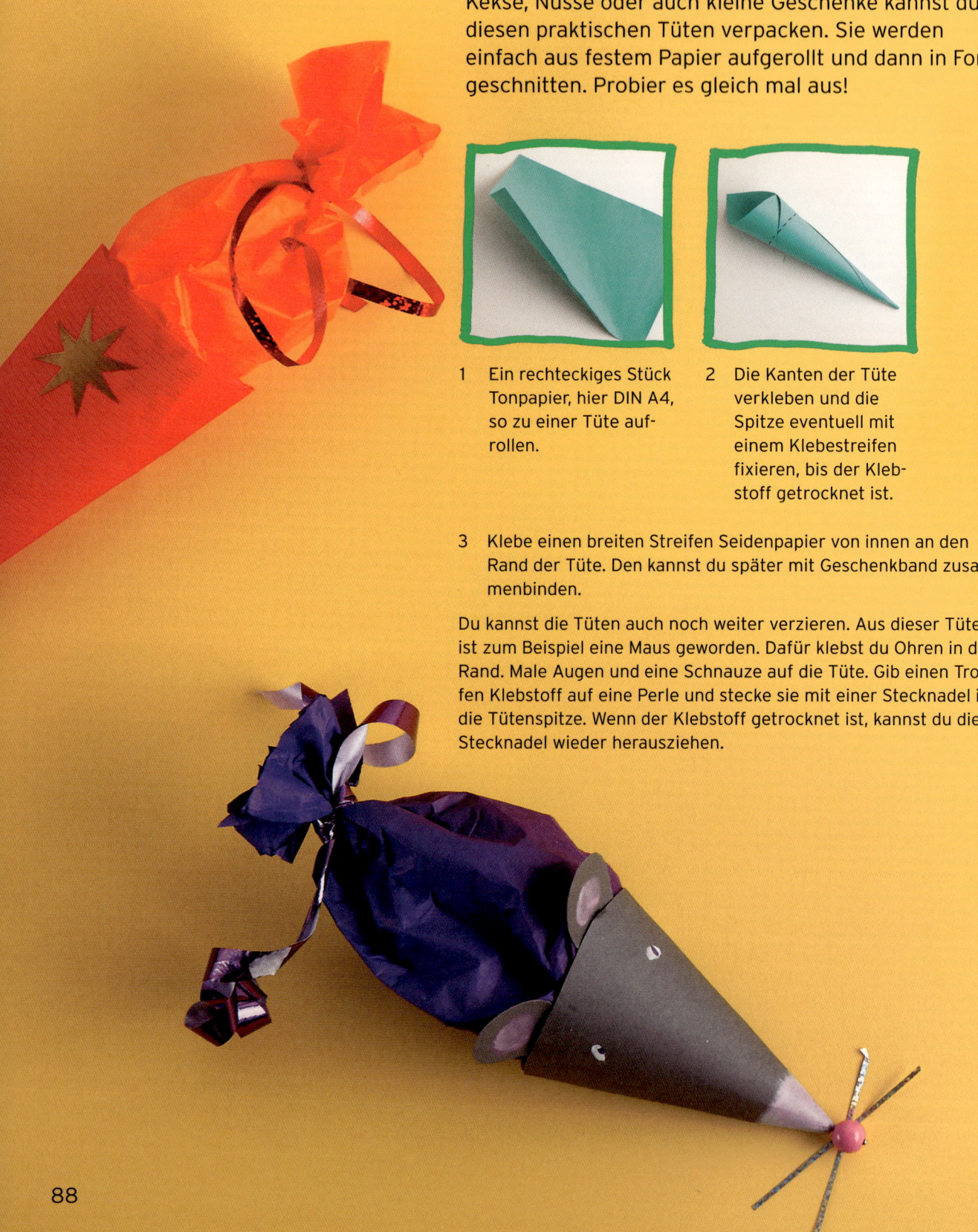

1  Ein rechteckiges Stück Tonpapier, hier DIN A4, so zu einer Tüte aufrollen.

2  Die Kanten der Tüte verkleben und die Spitze eventuell mit einem Klebestreifen fixieren, bis der Klebstoff getrocknet ist.

3  Klebe einen breiten Streifen Seidenpapier von innen an den Rand der Tüte. Den kannst du später mit Geschenkband zusammenbinden.

Du kannst die Tüten auch noch weiter verzieren. Aus dieser Tüte ist zum Beispiel eine Maus geworden. Dafür klebst du Ohren in den Rand. Male Augen und eine Schnauze auf die Tüte. Gib einen Tropfen Klebstoff auf eine Perle und stecke sie mit einer Stecknadel in die Tütenspitze. Wenn der Klebstoff getrocknet ist, kannst du die Stecknadel wieder herausziehen.

Wie wäre es mit einem Adventskalender aus 24 Tüten? Oder du machst eine Schlaufe in das Geschenkband und hängst deine Tüten in den Weihnachtsbaum.

Die Tüten kannst du in vielen verschiedenen Größen basteln, je nachdem, was du gerne verpacken möchtest.

# Alte Schachteln

Auch leere Schachteln sind zum Verpacken von Geschenken gut geeignet. Du kannst sie bemalen oder bekleben.

Lege eine runde Käseschachtel auf Glitzerpapier, zeichne den Umriss ab, schneide ihn aus und klebe ihn auf die Schachtel. Miss mit einem Maßband den Umfang und die Höhe der Schachtel aus und schneide einen entsprechenden Streifen Papier zurecht. Schneide ihn aus und klebe ihn um die Schachtel. Der Tannenbaum besteht aus Papier und Perlen.

Das Rentier auf der eckigen Schachtel ist aus Walnussschalenhälften, Streichhölzern und kleinen Zweigen zusammengeklebt.

# Filzwichtel

Aus Filz kannst du weihnachtliche Figuren zusammenkleben oder -nähen. Die Kästen unten zeigen dir das Grundmuster. Auf diese Weise kannst du viele verschiedene Wichtel, Engel oder Nikoläuse gestalten. Fülle sie zum Verschenken mit Süßigkeiten, Nüssen oder anderen Kleinigkeiten oder stopfe sie mit Watte aus, wenn du sie zum Spielen behalten möchtest.

1. Aus drei Streifen Filz (jeweils ca. 20 x 10 Zentimeter) die Grundform zusammenkleben oder -nähen: oben die Mütze, in der Mitte das Gesicht und unten den Körper.

2. Einen Mund und zwei Kreise als Wangen auf das Gesicht kleben. Arme, Hände und Stiefel ankleben oder -nähen.

3. Du kannst deine Wichtel mit Wattebärten oder Haaren aus Lametta schmücken, ihnen Schals aus Schleifenbändern umbinden oder schöne Stoffe über die Filzkleider kleben. Schau einfach, was du in deiner Bastelschatzkiste findest.

## Wunderknäuel

Für eine Ruck-Zuck-Verpackung wickelst du einfach so lange Wolle um ein kleines Geschenk, bis nichts mehr davon zu sehen ist. Das Ende des Fadens verklebst du mit einem Glitzerstern. So macht dem Beschenkten das Auspacken besonders viel Spaß!

# In der Druckwerkstatt

Vielleicht möchtest du dein Geschenkpapier selbst gestalten? Du kannst Packpapier oder auch andere Papiere bedrucken oder bemalen. Es gibt verschiedene Möglichkeiten, Papier zu bedrucken. Die einfachste Methode ist, deine Finger in Farbe zu tauchen und damit direkt auf das Papier zu drucken. Kartoffeln eignen sich gut als Stempel, du kannst aber auch mit den Rändern von Tortendeckchen Muster drucken oder einen Stempelkasten verwenden. Damit lassen sich Wörter und ganze Sätze auf Papier drucken. Am besten probierst du alle Methoden mal aus!

## Schneemänner

Für diese Schneemann-Parade einfach den Zeigefinger in weiße Farbe tauchen und einen Bogen Papier damit bedrucken. Nach dem Trocknen Hüte und Nasen mit Filzstiften aufmalen.

## Frohes Fest

Diese kleine Botschaft ist in Form eines Baums gestempelt, den du aus Papier ausschneidest. Klebe einen Stern auf die Spitze oder ziehe mit einer Nadel einen Goldfaden hindurch. So kannst du den Baum als Geschenkanhänger benutzen.

# Kartoffeldruck

Eine Kartoffel in der Mitte durchschneiden. Dann eine Form, zum Beispiel einen Stern, auf eine Hälfte malen und mit dem Küchenmesser ausschneiden.

Die Form mit Farbe bestreichen und auf das Papier drücken.

# Muster drucken

Den Rand eines Tortendeckchens auf ein Papier legen und mit dem Pinsel Farbe darüberstreichen.

Du kannst auch mit den Kartoffelhälften drucken, ohne eine Form auszuschneiden. So entsteht zum Beispiel dieser Elch.

Wenn du das Deckchen abnimmst, bleiben die Löcher als Muster stehen.

# Ach, du dicker Elch!

Diese Verpackung ist nicht nur niedlich, es passt auch richtig viel rein! Die Grundform des Elchs besteht aus zwei ungefähr gleich großen leeren Dosen, die am besten einen Deckel haben. Gut geeignet sind Kaffeedosen.

1. Jede Dose wird mit einem Streifen Wellpappe beklebt. Für die Beine eine leere Klopapierrolle in der Mitte durchschneiden. Die beiden Hälften an einem Ende jeweils leicht rund einschneiden ...

2. ... damit du sie gut unter den Bauch kleben kannst. Fixiere die Beine eventuell zusätzlich mit Stecknadeln, bis der Klebstoff trocken ist. Danach die Nadeln wieder herausziehen.

3. Die Öffnung des Bauches, also die Seite mit dem Deckel, kommt nach hinten. Die andere Seite wird mit doppelseitigem Klebeband versehen. Daran klebst du den Kopf fest. Hier kommt die Seite mit Deckel nach oben.

4. Ein rotes Band um Kopf und Bauch binden, das gibt zusätzlichen Halt.

5. Damit der Elch nicht nach vorne kippt, klebe einen Stein hinten in den Bauch. Probiere aus, welche Größe der Stein haben muss, um das Gleichgewicht herzustellen!

6 Für das Gesicht eine Nase aus rotem Papier knüllen und ankleben. Augen aus Buntpapier und Ohren aus Packpapier an den Kopf kleben.

7 Kopf und Bauch mit Geschenken befüllen und mit geknülltem Seidenpapier zustopfen. So kann nichts herausrutschen, auch wenn die Dosen keinen Deckel haben.

8 Zwei kleine Zweige mit Silber- oder Goldspray einsprühen und als Geweih in den Kopf stecken.

9 Eine Filzdecke auf den Rücken des Elchs kleben und kleine Päckchen daran festbinden.

# Vom Himmel hoch …

… da komm ich her! Sterne sind die funkelnden Symbole der Weihnachtszeit. Denn es war ein Stern, der den Weisen aus dem Morgenland den Weg nach Bethlehem gewiesen hat. Auch Engel gehören zur Weihnachtsgeschichte dazu. Wie du diese himmlischen Boten basteln und dein Fenster oder den Tannenbaum damit schmücken kannst, zeigt dir das nächste Kapitel.

# Eilige Engel

Manchmal braucht man ganz schnell einen kleinen Glücksbringer. Aus gefaltetem Papier oder Holzwäscheklammern lassen sich im Nu schöne Engel basteln.

## Klammerengel

Wickle einen Streifen Seidenpapier um eine Holzwäscheklammer und binde ihn unterhalb des Kopfes mit einem Band fest. Ein weiteres Stück Seidenpapier bindest du mit einem Faden wie oben links zu sehen zu einer Fliege. Das sind die Flügel des Engels. Binde sie unterhalb des Kopfes fest. Male dem Engel ein Gesicht auf und klebe ihm Engelshaar an. Klebe zwei Streichhölzer als Arme an. Dieser Engel lässt sich prima auf einen Tannenzweig stecken.

## Wenn Zwei sich küssen ...

Auf die beiden Hälften dieser Holzwäscheklammer sind zwei verschiedene Figuren gemalt. Drücke die Klammer unten mit einer weiteren zusammen, sodass die beiden Hälften geöffnet sind – das erleichtert das Anmalen. Der Weihnachtsmann bekommt noch eine Mütze aus Papier und der Engel Flügel und Haare. Diese lustige Klammer kannst du zum Beispiel an eine Weihnachtskarte stecken.

Aus einem 30 Zentimeter langen und 12 Zentimeter breiten Papierstreifen die Flügel falten und in der Mitte mit einem Klebestreifen fixieren. Mit einer Nadel einen Faden durch die Mitte und durch eine Wattekugel ziehen und so beides verbinden.

Das Kleid aus einem 10 Zentimeter langen und 20 Zentimeter breiten Papierstreifen falten. Dann an einer Seite zusammenfassen und mit einem Klebestreifen fixieren. Die Außenkanten des Kleids an die Unterkanten der Flügel kleben.

# Engel mit Faltenrock

Für diesen Engel brauchst du schöne Papiere, die du mit der Ziehharmonika-Technik (siehe Seite 8) zu Flügeln und einem Kleid faltest. Füge die Teile wie in den Kästen beschrieben zusammen. Zum Schluss malst du dem Engel ein Gesicht auf, klebst Engelshaar an seinen Kopf sowie Arme und Schuhe aus Papier an das Kleid.

# Bunte Engel

1. Für diesen Engel mit dem gewebten Kleid schneidest du aus festem Papier ein Dreieck mit stumpfer Spitze aus und schneidest mit dem Cutter Längsstreifen hinein.

2. Mit bunten Schleifenbändern durch die Schnitte weben ...

3. ... bis das ganze Kleid so aussieht. Die Enden der Bänder auf der Rückseite des Kleids festkleben.

4. Aus Tonpapier den Kopf sowie Arme und Beine ausschneiden und hinter das Kleid kleben. Die Flügel sind aus Glitzerpapier.

5. Das Gesicht aufmalen und Engelshaar um den Kopf kleben.

# Engel mit Goldflügeln

Aus weißem Tonkarton das Kleid und aus rosafarbenem Tonpapier den Kopf, die Arme und die Beine ausschneiden. Klebe alles zusammen, male das Gesicht auf und klebe Engelshaar um den Kopf. Hier ist das Kleid zusätzlich mit einem passend zurechtgeschnittenen Stück Tortendeckchen beklebt.

Stecke die Windmühle (siehe unten) auf eine Stecknadel und setze von beiden Seiten eine Perle auf die Nadel. Pikse die Nadel durch den Rücken des Engels und klebe als Abschluss eine weitere Perle auf die Nadel.

Klebe eine kleine Trompete aus Goldpapier zwischen die Hände.

Um den Engel aufzustellen, kannst du einen kleinen Holzstab von hinten an das Kleid kleben.

1   Ein quadratisches Stück Papier an den gestrichelten Linien einschneiden.

2   Die mit einem roten Punkt markierten Ecken zur Mitte biegen ...

3   ... und dort mit Klebstoff fixieren. Eine Stecknadel hält alles zusammen, bis der Kleber getrocknet ist.

# Was fliegt denn da?

Filtertüten, Federn und Muffinförmchen aus Papier – in all diesen Dingen verbergen sich Engel! Sie schweben durch dein Zimmer, schmücken die Fenster oder hängen am Tannenbaum. Engel kann man nie genug haben!

## Federleichter Engel

Ziehe einen Faden zum Aufhängen durch eine Wattekugel und stecke die Kugel anschließend auf eine weiße Feder. Male ein Gesicht auf die Kugel und klebe ihr Engelshaar an. Flügel aus Silberfolie oder aus Schleifenband klebst du von hinten an die Feder.

## Tanzender Engel

1. Mach einen Knoten in einen langen Faden und ziehe ihn mit einer Stopfnadel durch ein Muffinförmchen aus Papier. Die Öffnung des Förmchens zeigt nach unten.

2. Im Abstand von ca. 2 Zentimetern machst du wieder einen Knoten und fädelst dann das zweite Papierförmchen auf. Das wiederholst du beliebig oft.

3. Über dem obersten Förmchen fädelst du eine Wattekugel auf den Faden.

4. Forme Flügel aus Seidenpapier und klebe sie von hinten unter den Kopf.

5. Klebe zwei Streifen aus weißem Papier unten in das Kleid und male Schuhe darauf.

6. Male dem Engel ein Gesicht und verziere ihn mit Engelshaar.

# Filtertütenengel

1. Male mit einem Silberstift Muster auf eine weiße Filtertüte. Das ist das Kleid.
2. Eine zweite Tüte schneidest du in der Mitte durch und klebst sie so hinter das Kleid, dass die Schnittkanten nach oben zeigen. Das sind die Flügel.
3. Biege jeweils einen Teil der Flügelvorderseiten nach vorn.
4. Schneide einen Kopf und Beine aus weißem Tonkarton aus und klebe sie an das Kleid.
5. Klebe Haare aus Lametta und eine kleine Krone auf den Kopf.
6. Klebe Schuhe aus Silberpapier an die Beine.
7. Male dem Engel ein freundliches Gesicht.

# Leuchtende Holzengel

Holzreste lassen sich im Handumdrehen zu schönen Engeln zusammenkleben. Du kannst kleine Teelichte auf sie setzen, die dann in der Dämmerung leuchten.

## Kleiner Engel

Der kleine Engel besteht aus einem ca. 15 Zentimeter langen und 4 Zentimeter breiten Stück Vierkantholz. Auf dem Kopf trägt er ein kleines, quadratisches Stück Holz als Teelichthalter. Außerdem brauchst du eine Holzleiste für einen stabilen Stand.

1 Male die Holzstücke an und lass die Farbe trocknen.

2 Füge die Teile mit Alleskleber oder Holzleim zusammen. Zwischen den Teelichthalter und den Holzkörper klebst du Engelshaar.

3 Male Arme und Gesicht mit Filzstiften auf.

4 Schneide die Flügel aus Goldpapier aus und klebe sie von hinten an den Engel.

5 Klebe die Teelichte mit einem Stück doppelseitigem Klebeband auf den Teelichthalter und die Leiste.

## Tipp

Wenn du vier kleine Engel im Kreis aufstellst, hast du einen Adventskranz. Lass dafür die Teelichte auf der Leiste weg.

# Großer Engel

Dieser Engel ist aus einem ca. 20 Zentimeter langen und 8 Zentimeter breiten Stück Vierkantholz gefertigt. Für die Arme brauchst du eine Leiste, für den Kopf ein etwa quadratisches Stück Holz. Bemale alle Teile mit weißer Farbe. Unter den Kopf klebst du einen Kragen aus einem Stück runder Goldfolie. Schmücke den Engel mit Engelshaar und einem Heiligenschein aus Goldfolie. Dann klebst du alles zusammen.

Wenn du magst, kannst du auch diesem Engel noch Flügel ankleben.

# Rauschgoldengel

So heißt ein traditioneller Christbaumschmuck. Diese Engel wurden früher aus dünnen, goldfarbenen Messingblechen hergestellt. Das Gold war ein Symbol für die Gaben der Heiligen Drei Könige.

Rauschgold klingt auch nach Goldrausch! Und tatsächlich: Wenn du erst einmal anfängst, die goldenen Materialien für deinen Engel zusammenzusuchen, packt er dich bestimmt auch!

1. Ein Einmachglas mit einer Lichterkette bildet den Körper des Engels, denn er soll ja auch schön leuchten.

2. Aus einem Streifen Goldpapier, ca. 30 x 60 Zentimeter groß, eine Ziehharmonika falten (siehe Seite 8). Mit einer Nadel einen Faden durch die Mitte ziehen und ihn einmal fest herumwickeln.

3. Für das Kleid ein 50 x 70 Zentimeter großes Stück goldfarbenen, möglichst transparenten Stoff an einem Ende zusammenraffen und einen goldfarbenen Pfeifenreiniger darumwickeln. An die Enden des Pfeifenreinigers Hände aus Tonpapier kleben.

4. Eine eiförmige Wattekugel als Gesicht bemalen. Haare aus Lametta und ein Schleifenband als Stirnband ankleben. Das Band mit einem goldfarbenen Stern schmücken.

5. Den Kopf auf einen Holzstab stecken.

6. Das Kleid über das Einmachglas stülpen.

7. Den Holzstab durch das Kleid ins Glas stecken.

8. Die Flügel unterhalb des Kopfes am Kleid festbinden. Darüber kannst du noch ein schönes Schleifenband binden.

Nun kann dein Engel in der Dämmerung leuchten!

# Sterntaler

Kennst du das Märchen von Sterntaler? Das war ein armes, kleines Mädchen, das nichts besaß als ein weißes Hemdchen. Doch eines Nachts regnete es Sterne, die das Mädchen mit seinem Hemd auffing. Und die wurden dann zu Gold! Mit dieser Bastelanleitung kannst du das Märchen von Sterntaler nachspielen.

1. Zuerst malst du eine Obstkiste aus Pappe von innen mit blauer Farbe an und lässt sie gut trocknen.

2. In der Zwischenzeit bastelst du Sterntaler. Raffe einen 10 x 30 Zentimeter großen Streifen Seidenpapier an einer der langen Seiten etwas zusammen und klebe ihn in der oberen Öffnung einer leeren Klopapierrolle fest.

3. Male eine Wattekugel rosafarben an und klebe sie auf die Rolle.

4. Schneide gelbe Wolle zu Haaren zurecht und klebe sie an den Kopf.

5. Male Augen und Mund auf das Gesicht und klebe eine Nase aus einem kleinen Papierstück an.

6. Aus Goldpapier schneidest du viele Sterne aus und klebst sie an vier lange Goldfäden. Ziehe die Fäden mit einer Stopfnadel durch den oberen Rand der Obstkiste. Fädele eine Perle auf jeden Faden und mach dann einen Knoten.

## Tipp

Du kannst die Sterne auf Sterntaler herabregnen lassen, indem du die Fäden mit den Perlen hochziehst und wieder herunterlässt.

7. Schneide den Tannenbaum aus grünem Wellkarton aus. Rolle ein Stück Tonkarton zu einem Stamm und klebe den Baum darauf. Oder nimm eine leere Papprolle als Stamm.

8. Stelle den Baum (vielleicht auch zwei oder drei) und Sterntaler in die Kiste und bedecke den Boden mit Schnee aus Watte.

# Sterne falten

Man kann in der Weihnachtszeit gar nicht genug Sterne haben. Wie wäre es mit einer ganzen Sterngirlande in verschiedenen Farben? Du kannst sie nach diesem Muster falten, ausschneiden und auf eine lange Schnur fädeln.

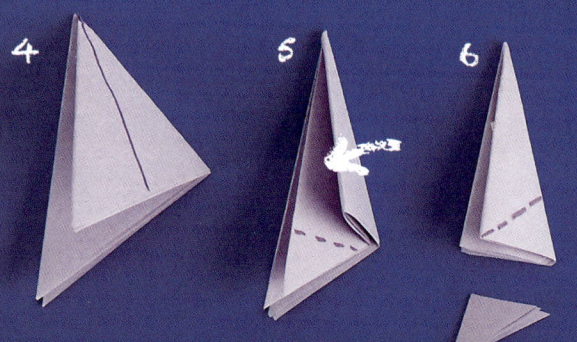

1. Du brauchst ein quadratisches Stück Papier, das du in den Diagonalen faltest und wieder öffnest.

2. Zwei gegenüberliegende Spitzen übereinanderfalten.

3. Die Spitzen der langen Kante übereinanderfalten.

4. Und noch einmal: Die Spitzen der langen Kanten übereinanderfalten. Dann das Dreieck von der geschlossenen Kante aus entlang der schwarzen Linie zur Seite falten.

5. Die überstehende Spitze abschneiden (siehe gestrichelte Linie).

6. Und noch einmal: entlang der gestrichelten Linie schräg abschneiden.

7. Vorsichtig auseinanderfalten – und fertig ist der Stern!

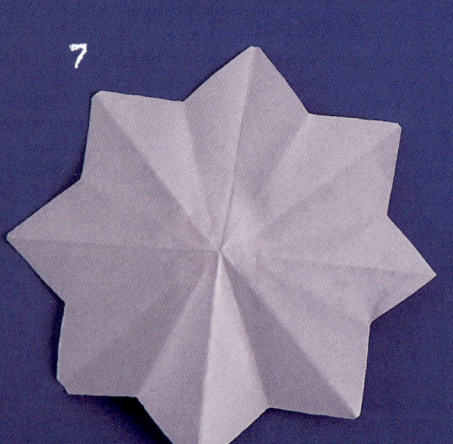

8  Du kannst deinen Stern auch noch mit einem Lochmuster versehen. Schneide dafür kleine Dreiecke, Halbkreise, Halbovale oder andere Formen in beide Längskanten. Dann falte den Stern auf – Überraschung!

# Fächerstern

Dieser bunte Stern besteht aus vielen schönen, glänzenden Papieren, zum Beispiel Geschenkpapier. Größere Sterne kannst du an die Tür oder an die Wand hängen, mit kleineren den Tannenbaum schmücken.

1. Schneide lange Streifen aus verschiedenen Papieren zurecht. Sie müssen alle gleich breit, dürfen aber unterschiedlich lang sein.

2. Falte alle Streifen wie eine Ziehharmonika (siehe Seite 8).

3. Klebe die gefalteten Streifen an den Kanten aneinander. Fixiere die Klebestellen mit Büroklammern, bis der Klebstoff getrocknet ist. Drücke den Zieharmonikastreifen an einer Seite fest zusammen und fächere die andere Seite auf – so kannst du sehen, ob sich der Streifen zu einem Kreis fächern lässt.

4. Fädele alle Falten auf einer Seite des Streifens mit einem Faden auf. Benutze dafür eine dicke Nadel und lass dir eventuell von einem Erwachsenen helfen, denn manche Papiersorten lassen sich nur schwer durchstechen.

5. Ziehe den Faden eng zusammen und fächere die andere Seite des Streifens dabei auseinander. So entsteht eine runde Form.

6. Verknote die Fadenenden.

7. Die beiden Längskanten zusammenkleben – und fertig ist der Fächerstern! Du kannst zwischen die beiden Kanten auch noch ein Stück Geschenkband kleben, um den Stern daran aufzuhängen.

Wenn du magst, kannst du die Fächerkanten noch schräg abschneiden und Muster in den Stern schneiden, bevor du den Papierstreifen auffädelst. Der fertige Stern sieht dann so aus. Er leuchtet besonders schön, wenn er von Kerzenlicht angestrahlt wird.

# Schweifsterne

Ein Schweifstern wies den Heiligen Drei Königen den Weg zu dem Stall, in dem das Jesuskind geboren wurde. Schweifsterne, auch Kometen genannt, sind nicht nur schön anzusehen, sondern haben immer auch etwas Geheimnisvolles. Vielleicht magst du dir einen solchen Stern basteln und ihn über deinem Bett aufhängen?

## Glitzernder Komet

Schneide den Stern mit einem Cutter aus Pappe aus und sprühe ihn mit Silber- oder Goldspray ein. In die noch nasse Farbe kannst du etwas Glimmer streuen, das trocknet dann mit ein.

Aus Glitzerpapier schneidest du kleine Sterne aus und klebst sie an die Enden von silberfarbenem Flauschdraht. Die anderen Enden des Drahtes steckst du in den Stern oder klebst sie an der Rückseite fest.

# Kuschelstern

Dieser flauschige Stern wird aus Filz genäht. Der Schweif ist aus Märchenwolle. Er ist ein schönes Geschenk für kuschelbedürftige Freunde!

1. Ein 10 x 10 Zentimeter großes Filzstück doppelt legen und mit einem Filzstift einen Stern daraufzeichnen.

2. Den Stern aus beiden Lagen ausschneiden.

3. Die beiden Lagen übereinanderlegen und die Ränder zusammennähen. Eine Öffnung lassen und den Stern mit Watte füllen. Um gut in die Zacken des Sterns zu kommen, kannst du einen Löffelstiel zu Hilfe nehmen.

4. Einen Schweif aus Märchenwolle formen. Beim Zunähen des Sterns ein Ende in die Öffnung stopfen und den Schweif miteinnähen.

5. Augen, Nase und Mund aus Filz ausschneiden und auf den Stern kleben.

# Lamettaschweif

Dieser goldfarbene Stern sieht doch wirklich königlich aus! Wie du ihn bastelst, steht auf Seite 110/111. Klebe ihm einfach einen Schweif aus Lametta an.

# O Tannenbaum!

Die Zweige von Tannenbäumen verströmen einen wunderschönen Duft – im Wald und bei dir zu Hause. Mit bunten Kugeln, Lametta und Strohsternen geschmückt und im Schein der Kerzen sorgen sie für die richtige Weihnachtsstimmung. Wenn du keine Tannenzweige zur Hand hast, dann bastel dir doch einfach deine eigenen Bäumchen, zum Beispiel aus Filz, Papier oder Holz. Und wie du sie schmücken kannst, erfährst du auch in diesem Kapitel.

# Welcher Baum darf es sein?

Kleine Tannenbäume kannst du auf vielfältige Weise selbst basteln. Der Vorteil: Sie halten lange und nadeln nicht!

## Filtertütentanne

Für diesen Baum bemalst du einige Filtertüten mit grüner Farbe. Zum Trocknen hängst du sie am besten mit Wäscheklammern an einer Leine auf.

Wenn die Farbe getrocknet ist, klebst du die Tüten wie links zu sehen ineinander. Knicke die Seiten der obersten Tüte nach hinten um, sodass eine Spitze entsteht (siehe unten).

Als Stamm klebst du eine kleine Papprolle in die unterste Tüte. Du kannst die Tanne in einen kleinen mit Knete gefüllten Blumentopf stellen.

Rolle kleine Kugeln aus Papier und klebe sie als Schmuck an die Tanne.

# Filztanne

Falte ein 15 x 20 Zentimeter großes Stück Filz in der Mitte, sodass zwei Lagen übereinanderliegen. Zeichne eine Tanne darauf (siehe auch Bastelanleitung „Kuschelstern" auf Seite 115). Schneide die beiden Tannen aus, lege sie übereinander und nähe die Ränder bis auf eine Öffnung zusammen. Dort stopfst du Watte hinein. Stecke einen kleinen Zweig in die Öffnung und nähe sie zu.

Schneide Kerzen aus Filz aus und klebe sie an die Tanne. Schmücke dein Bäumchen außerdem mit Perlen oder kleinen Knöpfen.

# Zapfentanne

Trockne einen Tannenzapfen an einem warmen Ort, bis er sich öffnet. Male ihn grün an. Stecke kleine Perlen in den Zapfen und fixiere sie zusätzlich mit Klebstoff. Oben auf die Spitze klebst du eine große Glasperle oder eine Murmel. Stelle die Zapfentanne in einen Topf mit Knete.

# Alle meine Bäume

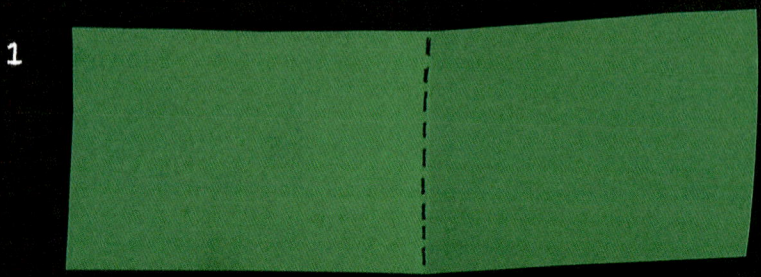

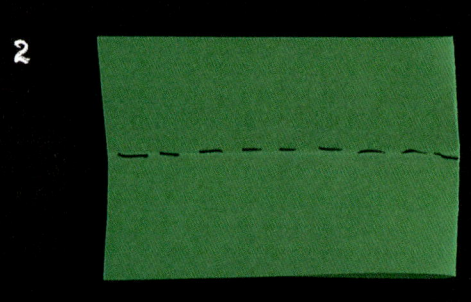

## Gefaltet

1. Einen Bogen grünes Tonpapier, der drei Mal so lang ist wie breit (also zum Beispiel 10 x 30 Zentimeter), in der Mitte falten.

2. Noch einmal entlang der gestrichelten Linie falten.

3. Eine halbe Tanne an die geschlossene Seite zeichnen und ausschneiden.

4. Die Tannen auffalten und in der Mitte an drei Stellen mit einem Tacker zusammenheften. Zum Aufstellen die Tannenzweige auseinanderbiegen.

5. Du kannst die Tanne mit Knöpfen, Perlen oder Kerzen und Kugeln aus Papier bekleben.

## Gebogen

Dieser Tannenbaum ist aus einem etwa 40 Zentimeter langen Plüschdraht gebogen. Stecke ihn in einen Topf aus einem zurechtgeschnittenen Stück Wellpappe.

## Gestickt

Mit einem Wollfaden und einer dicken Stopfnadel kannst du eine Tanne auf Karton oder festes Papier sticken. Zeichne erst die Form mit einem Bleistift auf, dann bohre die Löcher, durch die du sticken möchtest, mit der Nadel vor.

## Verpackt

In diesem Teefilter befindet sich weihnachtlicher Tannenduft zum Verschenken. Bemale ihn mit kleinen Tannen, dann schreibe einen Gruß oder den Namen des Empfängers darauf. Fülle den Beutel mit Tannennadeln und binde ihn mit einem Schleifenband zu.

# Tolle Rollen

Aus leeren Haushaltsrollen kannst du sowohl Kugeln als auch einen ganzen Tannenbaum basteln. Das geht ganz einfach und sieht toll aus. Begib dich gleich mal auf Rollen-Suche!

## Kugeln

1. Schneide eine Haushaltsrolle in 2 Zentimeter breite Ringe und klebe jeweils zwei oder drei zu einer Kugel zusammen. Fixiere die Klebestellen mit Büroklammern, bis der Klebstoff getrocknet ist.

2. Besprühe die Kugeln mit Silber- oder Goldspray oder male sie an. Mit Glitzerstiften kannst du noch Muster aufmalen. Trocknen lassen.

3. Um eine Kugel im Fenster, an einem Zweig oder am Tannenbaum aufzuhängen, mache einen Knoten in das untere Ende eines langen Fadens und ziehe den Faden mithilfe einer Stopfnadel durch die Kugel.

# Tannenbaum

Dieser Baum wird aus verschieden langen Rollenstücken zusammengeklebt. Wenn der Klebstoff getrocknet ist, malst du den Baum an und schmückst ihn anschließend mit kleinen, bunten Wattebällchen, Christbaumschmuck, Süßigkeiten oder anderen Kleinigkeiten.

Du kannst den Schmuck aufkleben oder mit Stecknadeln an den Rollen fixieren.

Damit die Rollen gut zusammenhalten, fixierst du sie mit Wäscheklammern, bis der Klebstoff getrocknet ist.

Für einen guten Stand klebst du den Stamm auf ein rundes Stück Pappe.

# Zimtstern und Holzbaum

Zimtstangen findest du in der Vorweihnachtszeit in jedem Supermarkt. Du kannst damit schöne Dinge basteln, die auch noch einen wunderbaren Duft verbreiten. Oder wie wäre es mit einem rustikalen Baum aus Hölzern? Mit Naturmaterialien zu basteln macht besonders viel Spaß!

## Stern

1. Fädele zwölf Zimtstangen auf einen 80 Zentimeter langen Blumendraht. Schließe den Draht zunächst zu einem Kreis und verknote die Enden.

2. Forme den Stern, indem du die Stangen zu sechs Zacken biegst.

3. Spanne zusätzlich Goldfäden zwischen die Zacken und verknote sie in der Mitte. Das sieht nicht nur schön aus – der Stern bekommt dadurch auch mehr Halt.

## Bäumchen

Sammle kleine, trockene Holzstöckchen, brich sie wie im Bild zu sehen in unterschiedlich große Stücke und klebe sie auf einen Karton. So kannst du auch eine Weihnachtskarte gestalten!

# Großer Baum

Bitte einen Erwachsenen, dir die passenden Stücke für diesen Baum aus einer Holzlatte zurechtzusägen. Du kannst auch im Baumarkt nachfragen. Dort finden sich oft schöne Holzreste.

1. Klebe die Teile pyramidenförmig mit Holzleim aufeinander. Drücke sie dafür fest zusammen.

2. Wenn der Leim getrocknet ist, schlage kleine Nägel in den Baum. Daran hängst du Perlen, Erdnüsse oder andere Kleinigkeiten auf.

3. Klebe einen Stern an die Spitze des Baums. Dieser hier ist aus Pappe ausgeschnitten und mit Glitzerfolie beklebt.

4. Prüfe den Baum auf seine Standfestigkeit! Eventuell musst du hinter den Stamm ein weiteres Stück Holz kleben.

So sieht der Stamm von der Seite aus.

# Ach, du dicke Kugel!

Jetzt kannst du ganz nach Herzenslust knüllen, formen und kleben! Diese bunten Weihnachtskugeln aus Papier sind garantiert einzigartig und an keinem anderen Christbaum zu finden.

1. Knülle Zeitungspapier oder Verpackungsseide zu einer Kugel.

2. Umwickle die Kugel so lange mit Malerkrepp, bis sie schön fest und rund ist.

3. Rühre in einer Plastikschüssel nach Packungsanweisung etwas Kleister an.

4. Bis der Kleister gebrauchsfertig ist, kannst du Papierschnipsel vorbereiten. Reiße dafür verschiedene Papiere in viele kleine Schnipsel. Verwende zum Beispiel Geschenkpapier, Servietten oder Goldpapier.

5. Tauche einen Schnipsel in den Kleister und klebe ihn auf die Kugel. So machst du mit den anderen Schnipseln weiter, bis die Kugel ganz bedeckt ist.

6. Lass die Kugel an einem warmen Ort trocknen. Am besten legst du sie dafür auf eine Plastikfolie. Von diesem Untergrund kannst du sie anschließend gut wieder lösen.

7. Wenn die Kugel gut getrocknet ist, ziehst du mit einer dicken Stopfnadel einen Goldfaden hindurch. Drücke das Nadelöhr dafür am besten auf einen festen Untergrund, bis die Nadelspitze auf der anderen Seite der Kugel wieder herauskommt. Dann kannst du die Nadel ganz leicht herausziehen. Aber Achtung: Dafür muss die Nadel länger sein als der Durchmesser der Kugel!

## Tipp
Keine Angst vor klebrigen Kleisterfingern! Den Kleister kannst du unter warmem Wasser gut abspülen.

Hast du Spaß an der Kugelproduktion gefunden? Dann mach am besten gleich damit weiter! Mit diesen schönen Kugeln kannst du einen ganzen Baum schmücken.

# Igelstern

Dieser prächtige Stern wird aus Goldfolie gebastelt. Du brauchst dafür etwas Zeit und Geduld, aber es lohnt sich! Wenn der Stern erst einmal an seinem Platz hängt und im Kerzenlicht leuchtet, wird er zum richtigen Schmuckstück.

1. Zeichne mit einem Zirkel zwei Kreise auf Goldfolie. Der innere Kreis hat einen Durchmesser von 6 Zentimetern, der äußere von 12 Zentimetern. Schneide den großen Kreis aus. Durch die Kreismitte zeichnest du zuerst ein Kreuz und dann zwei diagonale Linien.

2. Schneide die Linien bis zum inneren Kreis ein. Rolle die Kanten der so entstehenden Flächen über eine Bleistiftspitze.

3. Klebe die gerollten Kanten zu Spitzen zusammen. Du erhältst einen Stern mit acht Spitzen.

4. Klebe zur Verstärkung der Folie ein Stück Papier in die Mitte. Dadurch wird später der Faden zum Aufhängen gezogen.

5. Bastele weitere Sterne und klebe sie in die Mitte des ersten Sterns, des zweiten Sterns, usw.

6   Wenn du auf diese Weise acht bis zehn Sterne ineinandergeklebt hast, ziehst du mit einer Nadel einen langen Faden durch die Mitte aller Sterne.

7   Nun biegst du die Strahlen der Sterne so nach vorn, nach hinten, nach oben und unten, bis eine kugelige Form entsteht.

## Tipp

Du kannst den Stern auch aus zwei verschiedenfarbigen Folien basteln und diese im farblichen Wechsel zusammenkleben. Das sieht besonders schön aus! Vielleicht möchtest du aber auch ganz viele verschiedene Farbtöne verwenden?

# Pompons

Diese Kugeln aus Wolle sind nicht nur kuschelig, es macht ihnen auch gar nichts aus, wenn sie mal vom Baum purzeln. Für diese Bastelei lassen sich Wollreste prima verwerten!

Vielleicht möchtest du aber auch einen Pompon als Bommel für deine Wintermütze basteln? Nähe ihn einfach mit ein paar Stichen daran fest – und schon ist deine Mütze einzigartig!

1. Schneide aus Pappe zwei Ringe von ca. 7 Zentimeter Durchmesser aus und lege sie übereinander.

2. Fädele einen Wollfaden auf eine Stopfnadel. Wickle den Faden damit um die beiden Pappringe ...

3. ... bis sie ganz mit Wolle bedeckt sind. Je dicker du wickelst, umso schöner wird der Pompon.

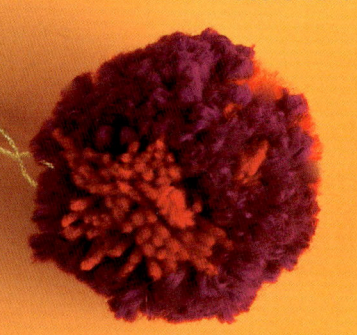

4. Schneide die Wollfäden ringsherum auf.

5. Führe einen langen Faden zwischen die beiden Pappringe, ziehe ihn um die Mitte fest und verknote ihn gut. Dann ziehe die beiden Pappringe vorsichtig nach außen ab.

6. Nun kannst du den Pompon in Form zupfen und überstehende Fäden mit einer Schere abschneiden. Hänge ihn mit dem langen Faden an einem Zweig auf.

Aus weißer Wolle entstehen dicke Schneeflocken.

## Tipp
Die Pompons sehen besonders schön aus, wenn du verschiedene Wollfarben verwendest.

# Ein Zweig im Winterkleid
Umwickle einen Zweig mit Wollresten und klebe die Fadenenden fest. An diesem bunten Zweig machen sich deine Pompons besonders gut!

# Alles Gold

Im Winter gibt es manche getrocknete Pflanze, die du sammeln und zu Hause vergolden kannst. Auch Nüsse sehen mit einem goldfarbenen Überzug gleich noch einmal so schön aus. Schmücke den Tannenbaum mit deinen goldigen Kunstwerken oder hänge sie an eine Leine.

Forme getrocknete Kletten zu einer Kugel, klebe ein Band hinein und sprühe alles mit Goldspray an.

Wie wäre es mit einem kleinen, goldfarbenen Erdnussengel?

Die getrockneten Fruchtstände der Wilden Möhre und des Bärenklaus sehen aus wie Sterne. Mit Goldfarbe angesprüht und einem schönen Band versehen kannst du sie im Fenster aufhängen.

Ebenso schön sehen vergoldete Walnüsse aus. Um sie aufzuhängen, klebe einfach ein Band zwischen zwei leere Walnusshälften.

Aus Schilf, der sich in Gärten und an Gewässern findet, kannst du dir den Schweif für einen Schweifstern basteln.

Klebe einfach einen Stern an die Stängel des vergoldeten Schilfs.

Trockene Hortensienblüten sehen aus wie schöne Röcke oder Kleider. Binde einen Korken an den Stängel einer Blüte und klebe eine getrocknete Mohnblüte oder eine Wattekugel als Kopf darauf. Stecke Streichholzarme und -beine in die Figur und klebe ihr Flügel aus Goldpapier an.

# Auf zur Krippe!

„Seht, ein Stall!" Die Heiligen Drei Könige folgen einem hellen Stern. Sie sind auf dem Weg zum Jesuskind, dem Sohn Gottes. Auch nach Bethlehem hat ihre lange Reise sie geführt. Auf den Feldern haben sie Hirten gesehen, die ihre Schafe hüten. Ihnen hat ein Engel die frohe Botschaft von der Geburt des Kindes verkündet …

Jedes Jahr zu Weihnachten wird die Geschichte von Jesu Geburt erzählt. Wenn du sie nachspielen möchtest, dann baue dir doch eine eigene Krippe mit Maria, Josef und dem Jesuskind, mit Hirten, Ochse und Esel und den drei Weisen aus dem Morgenland. Zum Basteln kannst du dir den ganzen Advent Zeit nehmen und deine Krippe am Weihnachtsabend unter dem geschmückten Baum aufstellen.

# Zwei Mal drei Könige

Je nachdem, wie groß deine Krippe werden soll, brauchst du auch verschieden große Figuren. Hier siehst du, wie du kleine und große Könige basteln kannst.

## Kleine Könige

Für jeden König steckst du mit einer Stecknadel eine Wattekugel auf einen Korken.

Bemale die Köpfe und klebe Haare aus Watte oder Wolle an. Die Körper bekleidest du mit Stoffresten. Schmücke die Figuren königlich mit Goldkronen, Perlen und Geschenkbändern.

## Kamel

Dieses Kamel ist aus drei ganzen und zwei halben Korken zusammengeklebt. Fixiere die Klebestellen zusätzlich mit Stecknadeln. Dabei kann dir ein Erwachsener helfen, denn manche Korken sind sehr fest.

Diese Teile brauchst du für einen König.

# Große Könige

Die Köpfe der großen Könige sind aus Papier, die Körper und Arme aus Pappe ausgeschnitten. Male die Gesichter auf und schmücke die Köpfe mit Turbanen aus Schleifenband, die du mit Stecknadeln fixierst. Stecke vorher noch eine Perle auf jede Nadel. Kleide Körper und Arme mit schönen, bunten Papieren, Filz oder Stoff ein. Dann klebe die Arme an die Körper. Die Wäscheklammern werden als Beine von hinten an die Körper geklebt. Die Hände und Schuhe sind aus Papier. Und wie möchtest du deine Könige noch schmücken?

# Die Stadt Bethlehem

Bethlehem ist eine Stadt mit weißen Häusern und Türmen und goldenen Kuppeln. Du kannst sie aus Schachteln und Rollen in verschiedenen Größen basteln und in einem leeren Karton aufbauen. Wie groß wird deine Stadt?

1. Bemale den Boden des Kartons dunkelblau wie einen Nachthimmel und lass die Farbe trocknen.
2. Beklebe die Schachteln und Rollen mit weißem Papier oder bemale sie mit weißer Farbe.
3. Schneide aus weißem Papier eine Stadtmauer mit einem Tor aus und klebe sie auf die Rückwand des Kartons.
4. Davor stellst du die Häuser und Türme auf.
5. Setze Christbaumkugeln als Kuppeln oben in die Rollen.
6. Schneide Türen und Fenster aus Buntpapier aus und klebe sie an die Gebäude.

Mit deiner selbst gebauten Stadt kannst du in der ganzen Weihnachtszeit spielen und dir die Wartezeit verkürzen. Erst kommen Maria und Josef auf der Suche nach einem Zimmer hierher, dann die Heiligen Drei Könige ... Auch die Hirten mit den Schafen besuchen Bethlehem, und am Nachthimmel schwebt vielleicht ein Engel vorbei.

# Weiße Wüstenstadt

Diese Stadt aus weißem Tonpapier wirkt besonders schön, wenn sie von hinten beleuchtet wird. Probiere es in der Dämmerung mit Teelichtern oder einer Lichterkette aus.

1 Schneide aus dem Tonpapier Rechtecke und Quadrate in verschiedenen Größen zu.

2 Falte die zurechtgeschnittenen Papiere entweder in der Mitte oder einige Zentimeter an beiden Seitenkanten. So haben sie einen guten Stand.

3 Lege die Papiere offen oder zusammengefaltet auf eine Schneidunterlage und schneide mit dem Cutter verschiedene Muster hinein. Hier siehst du einige Beispiele.

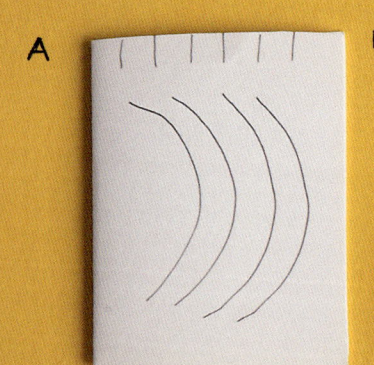

A  Die senkrechten Linien am oberen Rand einschneiden und jedes zweite Quadrat nach unten falten. Die Bogenlinien einschneiden und die so entstehenden Streifen abwechselnd nach vorne und nach hinten biegen.

B  Die Kreuze einschneiden und jeweils zwei gegenüberliegende Dreiecke auffalten.

C  Die Linien bis zum Rand einschneiden. Die so entstehenden Streifen abwechselnd nach vorne und nach hinten biegen.

D  Die Dreiecke einschneiden und nach vorne biegen. Du kannst die Gebäude auch noch mit Fenstern und Türen versehen.

Wenn du magst, verziere die Stadt mit Kuppeln aus Goldpapier und beklebe die Tür- und Fensteröffnungen von hinten mit farbigem Transparentpapier. So leuchtet deine Stadt besonders schön!

# Hirten und Schafe

In der Nähe des Stalls lagern Hirten auf den Feldern. Sie hüten dort ihre Schafe. Vielleicht magst du dir eine ganze Herde dieser kuscheligen Tiere basteln?

## Hirten

Klebe einen Streifen Packpapier um das obere Drittel einer leeren Klopapierrolle. Darauf malst du das Gesicht. Die restliche Rolle beklebst du mit Filzstreifen oder Buntpapier. Klebe die aus Filz ausgeschnittenen Arme und Hände an den Körper. Die Filzschuhe klebst du unten in die Rolle. Zum Schluss klebst du den Hirten Haare aus Wolle an und setzt ihnen Hüte auf (siehe Kästen).

1. Aus einem Filzkreis mit 6 Zentimetern Durchmesser einen Dreiviertelkreis ausschneiden. An den geraden Kanten zu einer Hutspitze zusammenkleben.

2. Einen weiteren, ebenso großen Kreis aus Filz ausschneiden. Von der Mitte aus mehrfach 2 Zentimeter einschneiden, sodass eine Hutkrempe stehenbleibt.

3. Die Hutspitze auf die Krempe kleben.

4. Jeder Hirte bekommt ein Holzstöckchen als Hirtenstab in den Arm.

1. Für den Körper eine halbe Klopapierrolle komplett mit Wolle umwickeln und das Fadenende festkleben.

2. Ein Stück Watte zu einer Kugel knüllen und mit Wolle umwickeln, bis von der Watte nichts mehr zu sehen ist. Die Wollenden festkleben. Das ist der Kopf.

# Schafe

Fertige Kopf und Körper des Schafs an (siehe Kästen oben). Klebe den Kopf in eine Öffnung der Rolle. Klebe Ohren und ein Maul aus Filz sowie Beine aus Streichhölzern an. Stecke kleine Perlen als Augen fest.

Vielleicht möchtest du auch noch ein schwarzes Schaf basteln?

# Maria und Josef

Maria und Josef sind auf dem Weg nach Bethlehem. Eine weite Reise haben sie bereits hinter sich. Sie suchen nach einer Bleibe, denn Maria soll bald ein Kind bekommen.

Diese Figuren bestehen aus Pappe. Mit Wäscheklammern als Beinen können sie gut stehen. Du kannst damit spielen und sie in deine Krippe stellen.

1. Schneide Körper und Arme aus Pappe aus.
2. Male den Pappfiguren Gesichter auf.
3. Für die Kleidung schneide Stoff- oder Filzstücke zu, die etwas größer sind als die Körper. Klebe den Stoff auf die Vorderseite, klappe die überstehenden Streifen nach hinten um und klebe sie dort fest.
4. Klebe den Figuren Haare und Josef auch einen Bart aus Wolle an.
5. Maria bekommt ein Kopftuch und Josef einen Filzhut.
6. Klebe Schuhe aus Filz an die Wäscheklammern und klebe die Klammern von hinten an die Körper.

# Esel

1. Schneide den Körper des Esels aus Pappe aus. Dann mach einen Schlitz in die Seite einer Papprolle und stecke dort den Hals hinein. Mit Klebstoff fixieren.

2. Male den Esel und die festgesteckten Wäscheklammerbeine mit grauer Farbe an.

3. Schneide Ohren aus Papier aus und klebe sie oben in der Rolle fest.

4. Male dem Esel Augen und ein Maul auf.

5. Zum Schluss bekommt er noch einen Schwanz aus Wolle und eine Decke aus einem Stück Filz.

# Tiere im Stall

Auch Tiere sind im Stall von Bethlehem zu finden. Friedlich schauen sie dabei zu, wie das Jesuskind geboren wird, und wärmen es mit ihrem Atem.

So sieht das Dach von der Seite aus. Befestige es mit doppelseitigem Klebeband auf dem Karton.

## Stall

Dieser Stall besteht aus einem leeren Schuhkarton. Außerdem brauchst du noch biegsame Pappe und trockene, möglichst gerade Stöckchen. Sammle sie bei deinem nächsten Spaziergang in der Natur ein.

Schneide die Pappe zurecht und biege sie zu einem Dach (siehe oberer Kasten). Schneide die Stöckchen auf die Länge der Dachseiten zu. Besprühe das Dach mit Sprühkleber und klebe die Stöckchen auf. Ein langer Stock kommt auf den Dachfirst.

Schneide eine Tür und Fenster aus Tonpapier aus und klebe sie auf die Rückwand des Stalls.

Beklebe eine quader- und eine würfelförmige Schachtel mit braunem Tonpapier und klebe sie zu Körper und Kopf zusammen.

## Ochse

Wie du Körper und Kopf des Ochsen zusammenklebst, siehst du im unteren Kasten. Klebe ihm ein Maul und Ohren aus Papier an und male ihm Mund und Nasenlöcher. Die Hörner sind aus Pappe ausgeschnitten. Klebe sie oben an den Kopf. Schneide die Beine aus braunem Tonpapier zu und klebe sie am Körper fest. Dieser Ochse liegt im Stroh. Du kannst aber auch vier gerade Beine aus festerem Karton ausschneiden, auf denen dein Ochse stehen kann.

# Krippe und Engel

Das kleine Jesuskind wird nach der Geburt in eine Krippe gelegt. Dort ist es weich auf Heu und Stroh gebettet. Du kannst die Krippe einfach aus einer Streichholzschachtel (siehe Bild links) oder aus Pappe basteln.

Ein Engel verkündet die frohe Botschaft von der Geburt Jesu. Die ganze Welt soll es erfahren! Auf der rechten Seite siehst du, wie du dir so einen Himmelsboten basteln und durch dein Zimmer schweben lassen kannst.

## Krippe

Die Größe deiner Krippe entscheidest du selbst. Hier ein Beispiel: Schneide diese Teile aus Pappe aus. Für den Boden brauchst du noch eine ca. 7 x 4,5 Zentimeter große Schachtel. Klebe die Seitenwände rund um die Schachtel. Dann klebe die Beine wie im Kasten zu sehen an beiden Seiten fest und fixiere sie zusätzlich mit Stecknadeln.

Wenn der Klebstoff trocken ist, schneide die Beine der Krippe unten gerade ab, damit sie gut stehen kann.

## Das Jesuskind

Male ein Gesicht auf eine Wattekugel und klebe sie auf einen Flaschenkorken. Wickle ein Stück weißen Filz um den Korken und binde es mit einem Faden fest. Aus dem Filz ragen zwei kleine Streichholzärmchen heraus.

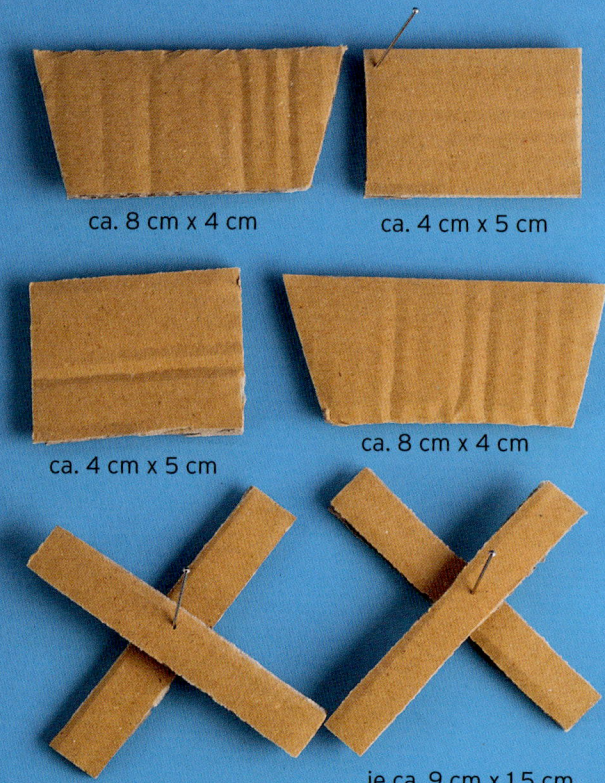

ca. 8 cm x 4 cm · ca. 4 cm x 5 cm · ca. 4 cm x 5 cm · ca. 8 cm x 4 cm · je ca. 9 cm x 1,5 cm

So sieht die fertige Krippe aus. Fülle sie mit etwas Heu oder Stroh und lege das Kind hinein.

# Ein Engel mit froher Botschaft

Schneide den Körper des Engels aus weißem Karton aus. Kopf und Beine sind aus rosafarbenem Tonkarton. Klebe die Teile zusammen. Falte Seidenpapier zu einem Kleid und klebe es auf den Körper. Um den Kragen kannst du noch ein weißes Band wickeln. Schneide Arme, Hände und Schuhe aus Tonpapier aus und klebe sie an den Engel. Die Flügel und der Heiligenschein sind aus Goldpapier, die Haare aus Lametta (siehe unten). Wenn du den Engel aufhängen und durch dein Zimmer schweben lassen möchtest, ziehe mit einer Nadel einen Faden durch den Rücken und verknote ihn.

Knote ein paar Streifen Lametta in der Mitte mit einem Silberfaden zusammen. So lässt es sich gut ankleben.

# Ihr Kinderlein, kommet …

Nach und nach kannst du deine gebastelten Figuren im und vor dem Stall aufstellen und damit spielen.

Vielleicht magst du deine Krippe mit Lichterketten schmücken oder mit Kerzenlicht beleuchten.

Wenn du keinen Platz hast, an dem die Krippe die ganze Adventszeit über stehen kann, stelle sie in einen großen, von innen bemalten Karton. So lässt sie sich auch gut hin- und hertragen.

# Kleine Krippen

Diese klitzekleinen Krippen eignen sich prima, falls du keinen Platz für einen großen Stall hast. Du kannst sie überallhin zum Spielen mitnehmen und sie sind auch ein schönes Geschenk.

## Licht im Stall

Schneide ein Haus aus schwarzem Karton und einen Schweifstern aus gelbem Tonkarton aus. Fädele beide Teile mit einem goldfarbenen Faden auf. Mache unter das Haus und unter den Stern jeweils einen Knoten. So kann nichts herunterrutschen. Klebe zum Schluss ein Fenster auf das Haus.

## Schachtelkrippe

Auch in dieser kleinen Holzschachtel finden Maria, Josef und das Jesuskind Platz. Bemale die Schachtel von innen und außen. Dann klebe noch einen goldfarbenen Schweifstern in das Innere des Deckels.

Zum Verschenken verschließe die Schachtel. Ob der Beschenkte errät, was sich darin befindet?

# Korkenfiguren

Für diese ganz einfachen Figuren kleidest du Korken in Filz und malst ihnen Gesichter auf. Der Stall besteht aus einem rechteckigen Stück Tonkarton und hat ein Dach aus Streichhölzern, von denen du die Köpfe abgeknickt hast.

Das Jesuskind besteht aus einem zusammengerollten Filzstreifen, den du mit einem goldfarbenen Band umwickelst. Stecke eine Perle als Kopf hinein und bette das Kind auf einem halben Korken, den du der Länge nach durchgeschnitten hast. So kannst du es hin und her wiegen.

# Wäscheklammerfiguren

Auch diese Figuren sind im Handumdrehen gebastelt. Umwickle die Wäscheklammern mit Filz oder Stoffresten, male Gesichter auf die Köpfe und klebe den Figuren Arme aus Streichhölzern an.

# Finger-Filzfiguren

Aus Filz und Stoffresten kannst du dir diese und viele weitere Figuren basteln – nicht nur zur Weihnachtszeit! Arrangiere sie zu einem Bild oder denke dir Geschichten dazu aus, die du dann nachspielst.

1. Lege einen Finger (am besten beginnst du mit dem Zeigefinger) auf ein Stück Filz und zeichne mit Bleistift einen großzügigen Umriss drum herum. Schneide den Umriss aus und die untere Kante gerade ab.

2. Schneide alle weiteren Teile für deine Figur aus: Gesicht, Arme und Hände, Kleidung aus Stoffresten, einen Hut ... Je nachdem, was für eine Figur es werden soll. Einige Beispiele siehst du rechts.

3. Klebe den Körper und alle anderen Teile zusammen.

4. Du kannst deine Figur noch mit Geschenkbändern, Goldpapier, Watte, Wolle oder Perlen schmücken. Fertig ist die Filzfigur zum Aufkleben!

5. Wenn du sie als Fingerpuppe benutzen möchtest, schneide wie bei Schritt 1 einen weiteren Umriss deines Fingers aus Filz aus. Klebe oder nähe ihn an den Rändern mit der Vorderseite der Figur zusammen. Die untere Kante lässt du offen (siehe Kasten).

Beide Teile an den gestrichelten Linien zusammenkleben oder -nähen.

# Gleich ist Bescherung ...

Mit diesen Spielen kannst du die aufregende Wartezeit bis zur Bescherung verkürzen. Schon beim Basteln vergeht die Zeit ganz schnell!

## Erzählsteine

Steine sammeln macht Spaß! Vielleicht hast du dich beim letzten Urlaub an der See oder in den Bergen auf die Suche danach begeben. Diese Steine kannst du nun nutzen, um die Wartezeit bis zur Bescherung zu verkürzen. Das hättest du nicht gedacht, oder? Und wenn draußen kein Schnee liegt, kannst du auch jetzt noch auf Steinsuche gehen.

Grundiere zunächst alle Steine mit weißer Farbe und lass sie in der Nähe einer Heizung trocknen. Dann bemale sie mit verschiedenen Farben und weihnachtlichen Motiven.

Wenn die Farbe getrocknet ist, kannst du spielen: Alle Steine werden gemischt und umgedreht auf den Tisch gelegt, sodass die Motive nicht zu sehen sind. Der erste Mitspieler wählt zwei oder drei Steine aus, dreht sie um und legt sie vor sich hin. Und dann versucht er oder sie, zu den Steinen eine Geschichte zu erzählen.

## Kleine Bescherung

Bei diesem Würfelspiel geht es darum, welcher Weihnachtsmann das Haus zuerst erreicht. Der besondere Clou: In jedem Haus ist eine kleine Süßigkeit versteckt! Und wer zuerst im Ziel ist, bekommt die Naschereien aus allen Häusern.

1 Klebe ein weißes Blatt Papier auf eine Pappe und male das Spielfeld darauf.

2 Beklebe Streichholzschachteln als Häuser und beschrifte sie mit Zahlen.

3 Die Spielfiguren sind aus Korken. Klebe rotes Krepppapier um die untere Hälfte eines Korkens und male ein Gesicht auf die obere.

4 Klebe einen weiteren Streifen rotes Krepppapier um den oberen Rand, drehe den Streifen zu einer Mütze und binde einen Faden darum.

5 Zum Schluss noch einen Wattebart ankleben – fertig!

Und so einfach wird gespielt: Es wird reihum gewürfelt und die Spielfigur gezogen. Das Haus muss mit der passenden Punktzahl erreicht werden!

# Hurra, der Weihnachtsmann ist da!

Klingeling – mit einem Glöckchen kündigt sich die große Bescherung an. Endlich kommt der Weihnachtsmann! Und du bist sicher gespannt, was er dir alles mitgebracht hat.

1. Aus diesen Teilen besteht der Weihnachtsmann. Male sie auf feste Pappe und schneide sie mit einem Cutter aus. Lass dir dabei von einem Erwachsenen helfen!

2. Male das Gesicht auf und lass die Farbe trocknen.

3. Schneide Mantel, Ärmel und die Mütze aus rotem Stoff oder Filz zurecht und klebe die Kleidung auf die Pappteile.

4. Du kannst den Mantel mit einer aufgeklebten Filztasche verzieren und dem Weihnachtsmann einen Handschuh aufkleben.

5. Klebe Haare und einen Bart aus Watte an.

6. Male die Beine mit schwarzer Farbe an und klebe sie nach dem Trocknen von hinten an den Körper.

7. Bohre mit der Scherenspitze ein Loch in den Arm und in den Körper. Verbinde die beiden Teile mit einer Briefklammer. Die Klammer sollte nicht zu fest sitzen, damit der Arm sich noch gut rauf und runter bewegen lässt.

8. Fädele eine kleine Glocke auf einen Goldfaden, ziehe den Faden mit einer Stopfnadel durch den Handschuh und verknote den Faden.

9. Nähe ein Stück Jute zu einem Sack (siehe Seite 19) und binde ihn dem Weihnachtsmann auf den Rücken.

10. Klebe einen Holzstab von hinten an den Arm und einen weiteren hinter den Körper. So kannst du den Weihnachtsmann mit einer Hand halten und mit der anderen den Arm bewegen. Klingeling!

## Fröhliche Weihnachten!

# Hallo!

Ich bin Sabine Lohf. Hier siehst du mich in meinem Atelier, wo ich alle Basteleien für dieses Buch gestaltet und fotografiert habe. Schon als Kind habe ich in der Weihnachtszeit sehr gerne mit meinen Geschwistern und Freunden bei Kakao und Kerzenschein gebastelt – damals am liebsten gefaltete Sterne in allen Größen und Mustern!

Heute mag ich Rentiere und Elche besonders gern, ich probiere immer neue Varianten aus. Das hast du beim Blättern in diesem Buch bestimmt schon festgestellt! Hier zeige ich dir noch zwei weitere Modelle. Vielleicht magst du das Tütenrentier zu guter Letzt auch noch ausprobieren? Einfach geknülltes Zeitungspapier in eine braune Tüte stecken. Dann Knopfaugen und eine rote Nase ankleben und oben zwei große Zweige als Geweih hineinstecken. Meine Freunde haben ganz schön gestaunt, als dieser weihnachtliche Geselle eines Tages vor meinem Haus auf der Wiese stand!

Jetzt wünsche ich dir eine schöne Weihnachtszeit und viel Spaß beim Basteln und Spielen!

Mehr über mich findest du unter www.sabine-lohf.de

Ebenfalls erhältlich: